55 CHRISTMAS SONGS FROM ALL OVER THE WORLD
FOR ANGLO CONCERTINA

Barbara Steinger

Rollston Press

55 Christmas Songs From All Over The World
For Anglo Concertina

by Barbara Steinger

All rights reserved. No part of this book may be reproduced, scanned, transmitted, or distributed in any printed or electronic form without the prior permission of the author except in the case of brief quotations embodied in articles or reviews.

Copyright © 2025 Barbara Steinger

ISBN-13: 978-1-953208-31-6

All titles are in the public domain unless otherwise noted.

Photographs of Aarau by Jiri Vurma (used with permission).

ROLLSTON PRESS
1717 Ala Wai Blvd #1703
Honolulu, HI 96815
USA
www.rollstonpress.com

Vorwort

Liebe Freunde der Concertina,

Es gibt kaum etwas, was die Weihnachtszeit so sehr prägt wie die Musik. Sobald die ersten Takte vertrauter Weihnachtslieder erklingen, entsteht ein besonderer Zauber in unseren Herzen.

Ich freue mich, euch alle in meinem zweiten Buch, auf eine Reise mit weihnachtlichen Liedern rund um den Globus mitzunehmen. Eine Reise durch Kontinente, Kulturen und Sprachen: Von leisen Melodien im Schein der Kerzen, zu festlichen Gesängen in Kirchen, Weihnachtsmärkten und bis hin zu rhythmischen freudigen Klängen aus fernen Kontinenten. Überall erzählen diese Lieder dieselbe Botschaft von Licht und Wärme, Heimweh und Hoffnung, von Gemeinschaft und Frieden.

Nun wünsche allen viel Freude mit dem Spielen dieser schönen Weihnachtslieder auf Deinem Concertina.

Mein besonderer Dank geht an:

Gary Coover, der mich wiederum motiviert und unterstützt hat, dieses Buch zu schreiben.

Jiri Vurma, der mir die wundervollen winterlichen und weihnachtlichen Bilder von Aarau zur Verfügung gestellt hat.

Luca Wagner, der wiederum ein tolles Cover hingezaubert hat.

Mit musikalischen Grüssen,

Barbara Steinger

Foreword

Dear friends of the concertina,

There is hardly anything that defines the Christmas season as much as music. As soon as the first bars of familiar Christmas carols ring out, a special magic arises in our hearts.

I am delighted to take you all on a journey with Christmas carols around the globe in my second book. A journey through continents, cultures, and languages: from soft melodies in the candlelight, to festive songs in churches and Christmas markets, and to rhythmic, joyful sounds from distant continents. Everywhere, these songs tell the same message of light and warmth, homesickness and hope, community and peace.

Now I wish everyone much joy playing these beautiful Christmas carols on your concertina.

My special thanks go to:

Gary Coover, who in turn motivated and supported me in writing this book.

Jiri Vurma, who provided me with the wonderful winter and Christmas photos of Aarau.

Luca Wagner, who once again conjured up a fantastic cover.

With musical greetings,

Barbara Steinger

Table of Contents

Title Translations 7
Tastatur & Tabulatur 9
Keyboard & Tablature 10
SONGS 11
Aba Heidschi Bumbeidschi 13
Adeste fideles 16
Alle Jahre wieder 18
Am Weihnachtsbaum die Lichter brennen 20
A szép Szűz Mária 22
Corramos, corramos 25
Der Christbaum ist der schönste Baum 28
Entre le bœuf et l'âne gris 30
Er is een Kindeke geboren op aard 32
Es ist ein Ros entsprungen 34
Es ist für uns eine Zeit angekommen 36
Es kommt ein Schiff geladen 38
Es wird scho' glei dumpa 40
Fröhliche Weihnacht überall 42
Hei tonttu-ukot hyppikää 44
Hola, Hola 46
Ihr Kinderlein kommet 49
Il est né le Divin Enfant 53
In dulci jubilo 56
Inmitten der Nacht 58
Jingle Bells 61
Kaj se vam zdi 65
Kling, Glöckchen klingelingeling 68
Kommet, ihr Hirten 70
La Ronda de la estrella 72
Lasst uns froh und munter sein 74

Leise rieselt der Schnee 76
Les anges dans nos campagnes 78
Lulajże, Jezuniu 80
Macht hoch die Tür 83
Maria durch ein Dornwald ging 87
Mennyböl az angyal 90
Morgen, Kinder, wird's was geben 93
Morgen kommt der Weihnachtsmann 96
När det lider mot jul 98
När juldagsmorgon glimmar 100
Nesta noite de Natal 102
Noi siamo i tre re 104
Nu är det jul igen 106
O du fröhliche 109
O laufet ihr Hirten 112
O Tannenbaum 114
Pásli ovce Valaši 116
Quando nascette Ninno 119
Schneeflöckchen, Weissröckchen 122
Still, still, still, weil's Kindlein schlafen will! 124
Stille Nacht 126
Süsser die Glocken nie klingen 128
Tochter Zion 131
Venid, pastorcillos 134
Vom Himmel hoch, da komm' ich her 136
W żłobie leży 138
Was soll das bedeuten? 140
We wish you a Merry Christmas 142
Zu Bethlehem geboren 144

Scan for YouTube playlist

Title Translations

1. Aba Heidschi Bumbeidschi (But go to sleep)
2. Adeste fideles (O come, all ye faithful)
3. Alle Jahre wieder (Every cold December)
4. Am Weihnachtsbaum (On Christmas trees)
5. A szép Szűz Mária (Sweet Maria rocked her son)
6. Corramos, corramos (Let's run, let's run)
7. Der Christbaum ist der schönste Baum (Of all the trees in forest green)
8. Entre le bœuf et l'âne gris (Next to an ox and a donkey grey)
9. Er is een kindeke geboren op aard (A little child on the earth has been born)
10. Es ist ein Ros entsprungen (A great and mighty wonder)
11. Es ist für uns eine Zeit angekommen (The time is come, let us sing the glad story)
12. Es kommt ein Schiff geladen (There comes a galley, laden)
13. Es wird scho`glei dumba (The night is approaching)
14. Fröhliche Weihnacht überall (Merry Christmas, everywhere)
15. Hei, tonttu-ukot hyppikää (Hey little elf men jump)
16. Hola, Hola (Hello, hello)
17. Ihr Kinderlein kommet (O children come quickly)
18. Il est né le divin enfant (Christ is born, let us dance and sing)
19. In dulci jubilo (Good Christian Men Rejoice)
20. Inmitten der Nacht (At deep dead of night)
21. Jingle Bells
22. Kaj se vam zdi (Lullay, sweet Jesus-Child)
23. Kling Glöcklein, klingelingeling (Ring, sleigh-bells, ting-a-ling-a-ling)
24. Kommet ihr Hirten (Come all you shepherds)
25. La Ronda de la estrella (The star round)
26. Lasst uns froh und munter sein (Let us be happy and cheerful)
27. Leise rieselt der Schnee (Snow falls silent and deep)
28. Les anges dans nos campagnes (Angels, from the realms of glory)
29. Lulajże, Jezuniu (Lullay, sweet Jesus-Child)

30	Macht hoch die Tür (Opens the door)
31	Maria durch ein Dornwald ging (Now Mary went a-wandering)
32	Mennyből az angyal (The angel is from heaven)
33	Morgen Kinder wird's was geben (Come tomorrow to the party)
34	Morgen kommt der Weihnachtsmann (Santa Claus will come tonight)
35	När det lider mot jul (When it is suffering towards Christmas)
36	När juldagsmorgon glimmar (When Christmas morning glimmers)
37	Nesta noite Natal (This natal night)
38	Noi siamo i tre re (We are the three)
39	Nu är det jul igen (Now it's Christmas again)
40	O du fröhliche (What a blessed time)
41	O laufet ihr Hirten (So hurry, you shepherds)
42	O Tannenbaum (O Christmas Tree)
43	Pásli ovce Valaši (Shepherds keeping watch by night)
44	Quando nascette Ninno (When Jesus Christ was born)
45	Schneeflöckchen, Weissröckchen (O snowflakes, how gently)
46	Still, still, still, weils Kindlein schlafen will! (Still, still, still, the baby lies quite still!)
47	Stille Nacht (Silence night)
48	Süsser die Glocken nie klingen (Hark to the bells in the steeple)
49	Tochter Zion, freue dich! (See, the conqu'ring hero comes)
50	Venid pastorcillos (Come little shepherds)
51	Vom Himmel hoch, da komm' ich her (From highest heaven I come to tell)
52	W żłobie leży (Infant holy)
53	Was soll das bedeuten? (What can this be happ'ning)
54	We wish you a Merry Christmas
55	Zu Bethlehem geboren (In Bethlehem's dark city)

Tastatur & Tabulatur

Hier ist das Tastatur- und Knopfnummerierungssystem, das in diesem Buch für Anglo-Konzertinas mit 30 Knöpfen in der Tonart C/G verwendet wird:

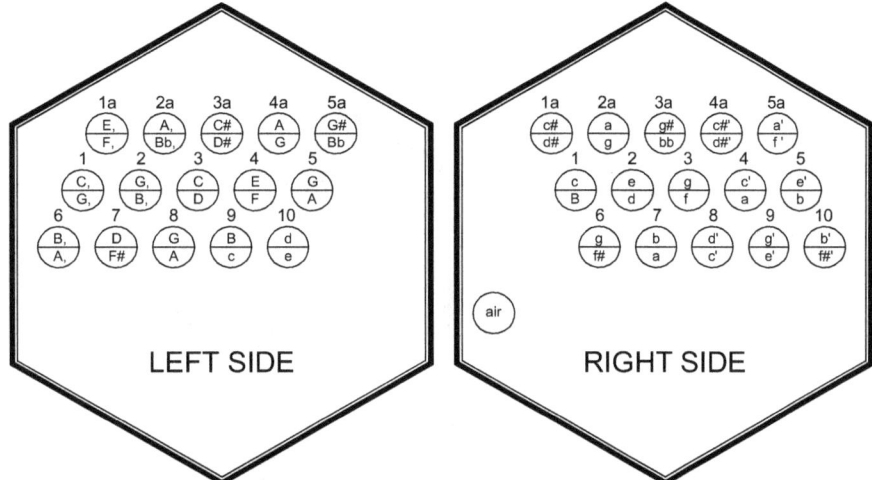

Die tiefen Töne befinden sich auf der linken Seite des Instruments und die hohen Töne auf der rechten Seite. Noten, die über der Linie angezeigt werden, befinden sich auf dem Push, Noten, die unter der Linie angezeigt werden, auf dem Pull. Die Standard-abc-Notation wurde verwendet, um die Tonhöhen der Noten anzuzeigen.

So funktioniert die Tabulatur in diesem Buch:

- Die Tasten sind mit dem Nummerierungssystem „1a-10" für jede Seite nummeriert.
- Schaltflächen auf der rechten Seite werden über den Noten angezeigt.
- Schaltflächen auf der linken Seite werden unterhalb der Musiknoten angezeigt.
- Hinweise zum Push werden nur nach Tastennummer angezeigt.
- Notizen zum Ziehen werden durch die Schaltflächennummer mit einer Linie über der Oberseite angezeigt.
- Lange Sätze auf dem Zug haben eine lange durchgehende Linie über den Tastennummern.
- Länger gehaltene Noten werden mit gestrichelten Linien hinter der Tastennummer angezeigt.

SCHALTFLÄCHENZUORDNUNGEN

Jede Melodie hat auch eine Tastenzuordnung, die die Tasten zeigt, die zum Spielen dieser bestimmten Melodie benötigt werden:

Buttons played

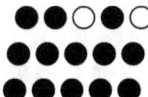 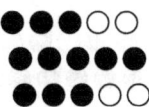

Keyboard & Tablature

This is the button numbering system used for 30-button Anglo concertinas in the key of **C/G**:

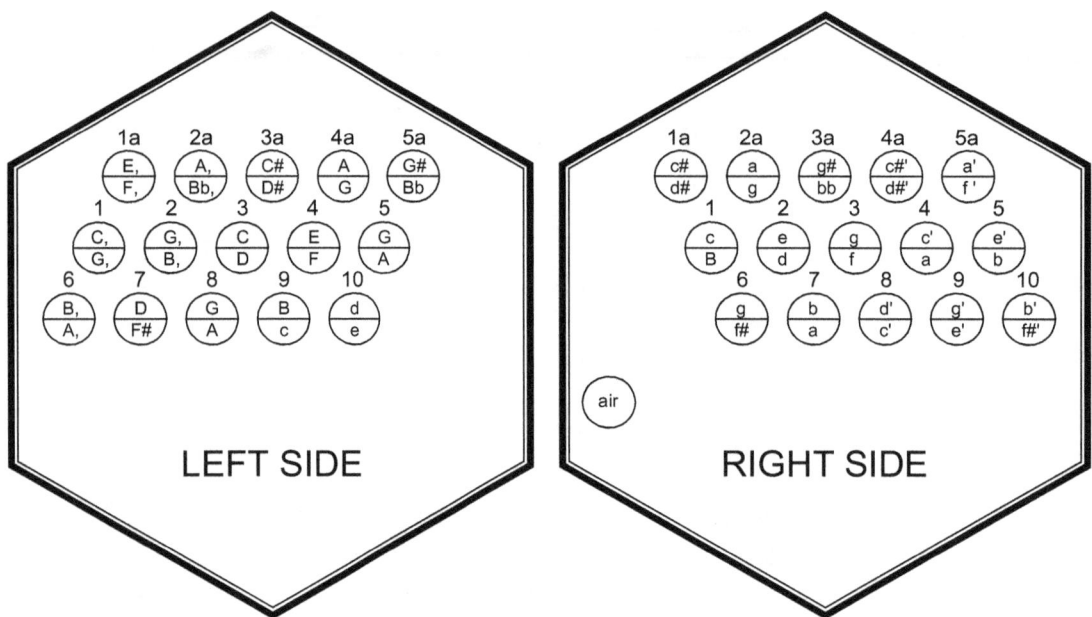

Low notes are on the left side of the instrument and high notes are on the right. Notes shown above the line are on the push, notes shown below the line are on the pull. Standard abc notation has been used to show the pitches of the notes.

How the tablature works in this book:

- The buttons are numbered using the "1a-10" numbering system for each side.
- Buttons on the right-hand side are shown above the musical notes.
- Buttons on the left-hand side are shown below the musical notes.
- Notes on the push are shown by button number only.
- Notes on the pull are shown by button number with a line across the top.
- Long phrases all on the pull will have one long continuous line above the button numbers.
- Notes that are held longer indicated with dashed lines after the button number.

BUTTON MAPS

Each tune also has a Button Map showing the buttons needed to play that particular tune:

Buttons played

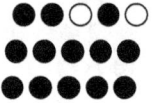 

SONGS

Aba Heidschi Bumbeidschi

01.
Aba heidschi Bumbeidschi schlaf langa,
die Muatterl, die is ja ausganga.
Sie is ja ausganga und kimmt nimmer ham,
und lasst das kloa Büabale gar so allan.
Aba heidschu bumbeidschi bum bum
aba heidschi bumbeidschi bum bum.

02.
Aba heidschi bumbeidschi schlaf süassa,
die Engerln, die lass'n di grüassa
sie lass'n die grüass'n und lass' n dir sag'n,
ob du net im Himmel spazieren magst fahr'n.
Aba heidschu bumbeidschi bum bum
aba heidschi bumbeidschi bum bum.

03.
Aba heidschi bumbeidschi im Himmel
da führt di a schneeweiser Schimmel,
drauf sitzt a klans Engerl mit ana Latern,
drin leuchtet vom Himmel der allerschönst Stern.
Aba heidschu bumbeidschi bum bum
aba heidschi bumbeidschi bum bum.

Aba Heidschi bumbeidschi

Buttons played

aus dem Tirol
from Austria, 1900

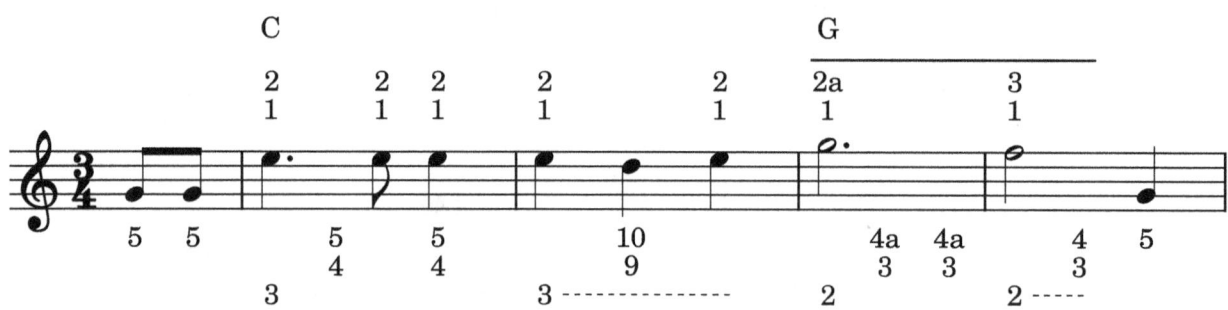

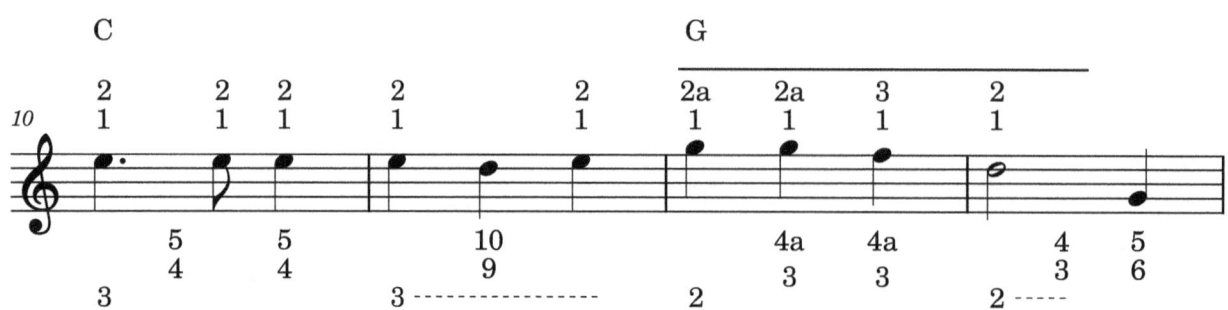

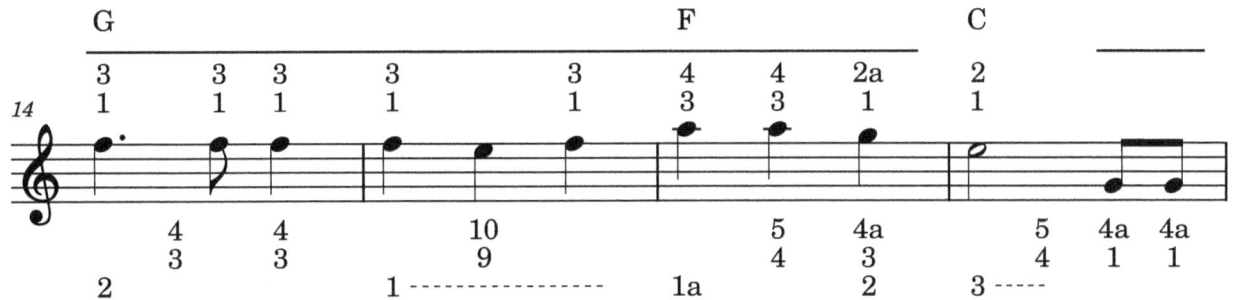
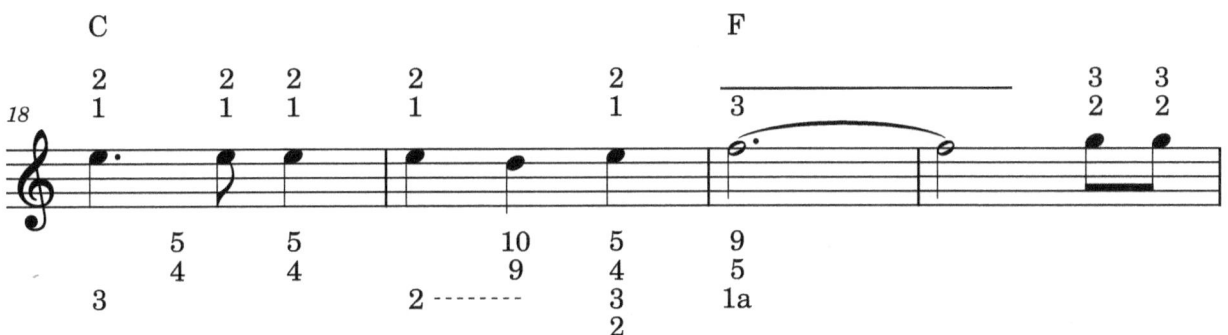
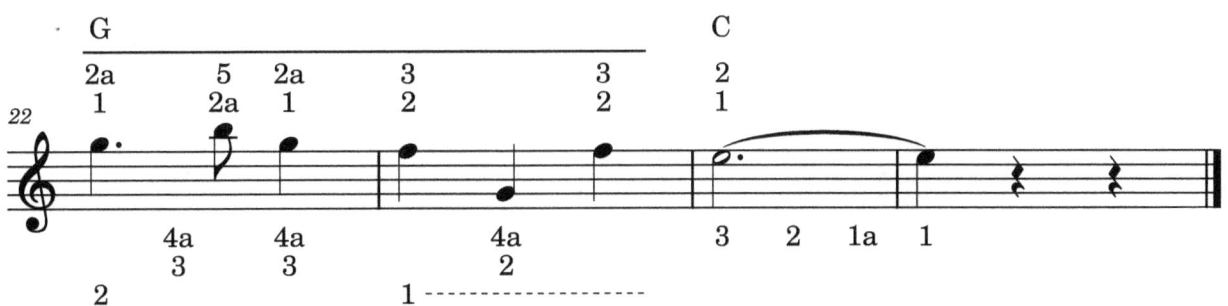

Adeste fideles

01.
Adeste, fideles, leti triumphantes;
venite, venite in Bethlehem:
Natum videte regem angelorum:
Venite adoremus, venite adremus
venite adoremus Dominum!

02.
Deum de Deo, Lumen di Lumine,
gestant puellae viscera;
Deum verum, genitum non factum:
Venite adoremus, venite adremus
venite adoremus Dominum!

03.
Cantet nunc io chorus angelorum;
cantet nunc aula celestium,
Gloria in excelsis Deo:
Venite adoremus, venite adremus
venite adoremus Dominum!

04.
Ergo qui natus hodierna,
Jesus, tibi sit gloria:
patris eternis verbum caro factum!
Venite adoremus, venite adremus
venite adoremus Dominum!

Adeste fideles

Buttons played

English, c.1751

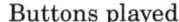

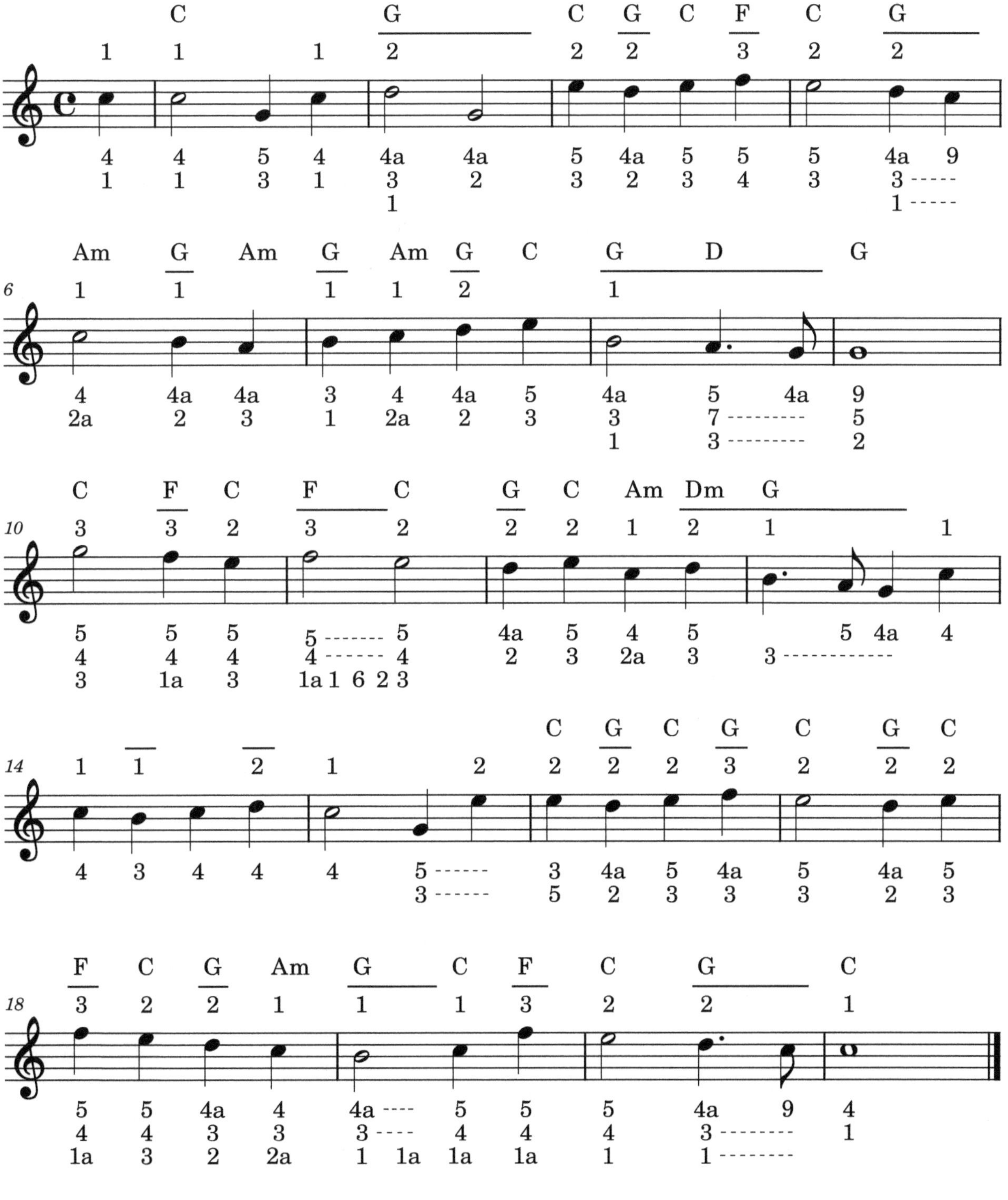

Alle Jahre wieder

01.
Alle Jahre wieder kommt das Christuskind,
auf die Erden nieder, wo wir Menschen sind.

02.
Kehrt mit seinem Segen ein in jedes Haus
geht auf allen Wegen, mit uns ein und aus.

03.
Ist auch mir zur Seite, still und unerkannt,
dass es treu mich leite, an der lieben Hand.

Alle Jahre wieder

Buttons played

Traditional

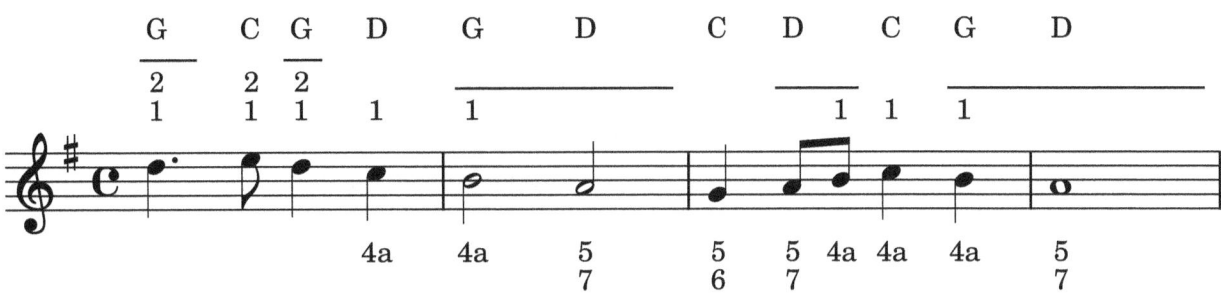

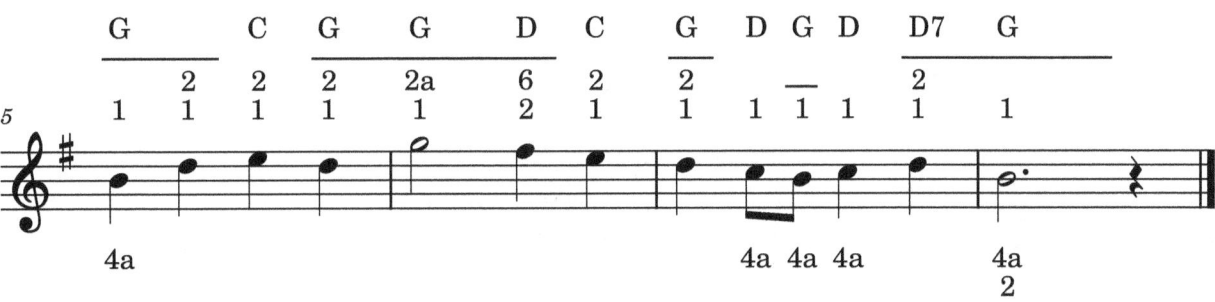

Am Weihnachtsbaum die Lichter brennen

01.
Am Weihnachtsbaum die Lichter brennen,
wie glänzt er festlich, lieb und mild,
als spräch er: « Wollt in mir erkennen
getreuer Hoffnung stilles Bild!»

02.
Die Kinder stehn mit hellen Blicken,
das Auge lacht, es lacht das Herz,
o fröhlich seliges Entzücken!
Die Alten schauen himmelswärts.

03.
Zwei Engel sind hervorgetreten,
kein Auge hat sie kommen sehn,
sie gehen zum Weihnachtstisch und beten
und wenden wieder sich und gehen.

04.
Gesegnet seid, ihr alten Leute,
gesegnet sei, du kleine Schar»
Wir bringen Gottes Segen heute
dem braunen wie dem weissen Haar.

05
Zu guten Menschen, die sich lieben,
schickt uns der Herr als Boten aus,
und seid ihr Treu und Fromm geblieben,
wir treten wieder in dies Haus.

06.
Kein Ohr hat ihren Spruch vernommen,
unsichtbar jedes Menschen Blick
sind sie gegangen wie gekommen,
doch Gottes Segen blieb zurück.

Am Weihnachtsbaum die Lichter brennen

aus Deutschland
from Germany, 1841

A szép Szüz Mária

01.
A szép Süz Mária szent Fiának,
Imígyen énekelt kis Jézusnak:
Örömest ringatlak, Szívemböl óhajtlak,
Aludj, aludj.

02.
Aludj el, magzatom, napom fénye,
Életem egyetlen szép reménye.
Örömest ringatlak, Szívemböl óhajtlak,
Aludj, aludj.

03.
Aludj el, fiacskám, rózsaszálam,
Aludj el, violám, én zöld ágam.
Örömest ringatlak, Szívemböl óhajtlak,
Aludj, aludj.

04.
Barmok közt, jászolban, én gyermekem,
Aludj a szénában, szép kisdedem.
Örömest ringatlak, Szívemböl óhajtlak,
Aludj, aludj.

05.
Nem tudom, mit mondjak örömemben,
Hogy téged láthatlak ez életben.
Örömest ringatlak, Szívemböl óhajtlak,
Aludj, aludj.

06.
Magamhoz szorítlak, megcsókollak,
Tégedet szívemböl úgy imádlak.
Örömest ringatlak, Szívemböl óhajtlak,
Aludj, aludj.

A szép Szüz Maria

Buttons played

aus Ungarn
from Hungary

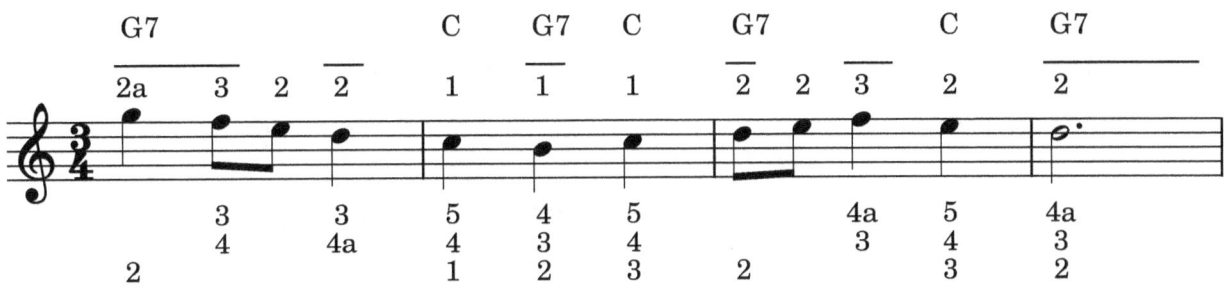
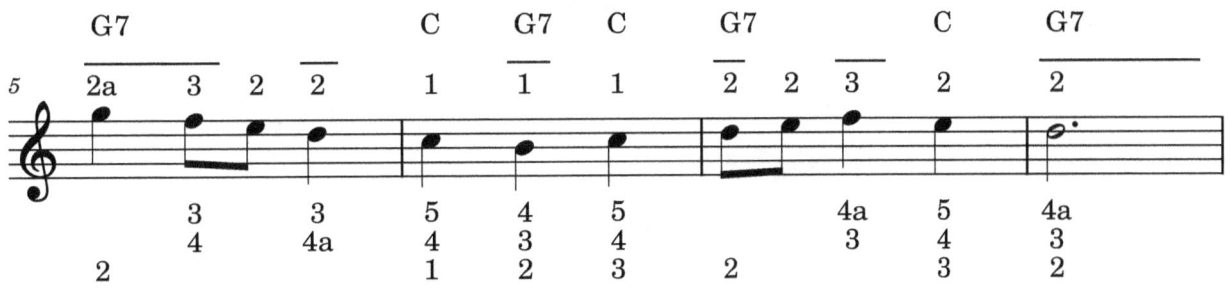
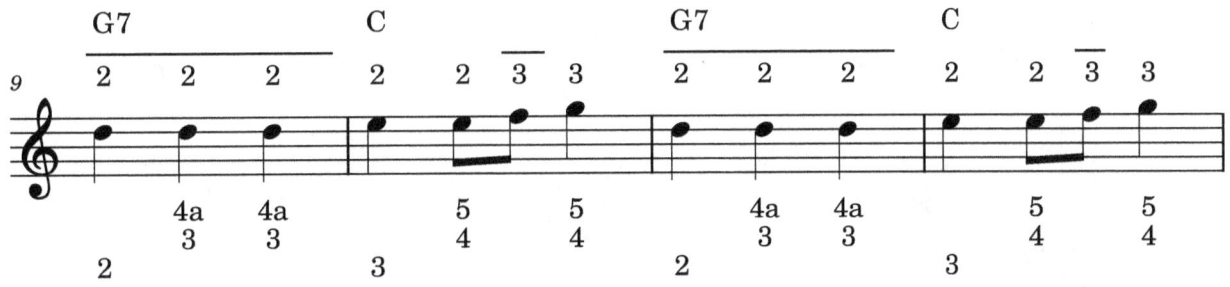
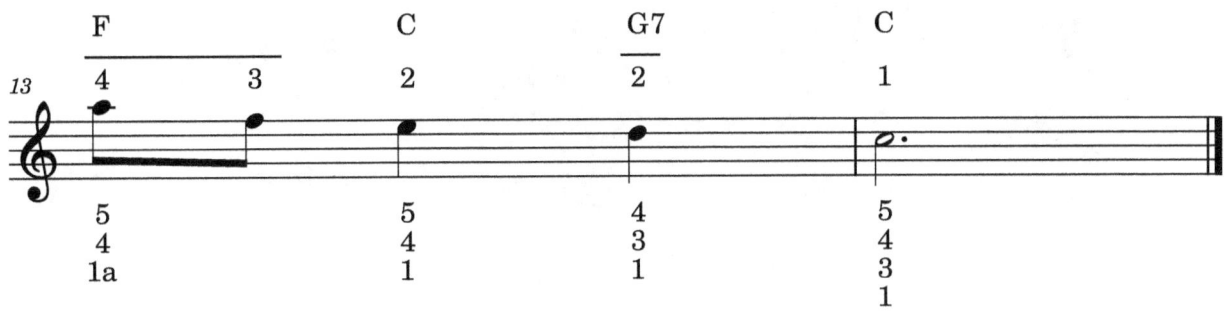

Corramos, corramos

01.
Corramos, corramos, la música suena,
Corramos, corramos, la música suena,
a cantarle al niño en la Noche Buena,
a cantarle al niño en la Noche Buena!
Venid, venid pastores, venid a adorar
al rey de los cielos que ha nacido ya,
al rey de los cielos que ha nacido ya.

02.
Hace mucho frio, el niño tirita,
hace mucho frio, el niño tirita
y no hay quien le dé una cobijita,
y no hay quien le dé una cobijita.
Venid, venid pastores, venid a adorar
al rey de los cielos que ha nacido ya,
al rey de los cielos que ha nacido ya.

03.
Naranjas y limas, limas y limones,
naranjas y limas, limas y limones,
mas linda es la Virgen que todas las flores,
mas linda es la Virgen que todas las flores.
Venid, venid pastores, venid a adorar
al rey de los cielos que ha nacido ya,
al rey de los cielos que ha nacido ya.

Corramos, corramos

Buttons played

aus Venezuela
from Venezuela

Der Christbaum ist der schönste Baum

01.
Der Christbaum ist der schönste Baum, den wir auf Erden kennen;
im Garten klein, im engsten Raum, wie lieblich blüht der Wunderbaum,
wenn seine Lichter brennen, wenn seine Lichter brennen, ja brennen.

02.
Denn sieh, in dieser Wundernacht ist einst der Herr geboren,
der Heiland, der uns selig macht. Hätt' er den Himmel nicht gebracht,
wär' alle Welt verloren, wär' alle Welt verloren, verloren.

03.
So sang der Engel leis und lind, ihr habt es nun vernommen;
drum, wärst du gern ein Gotteskind, tu' auf dein Herzchen auch geschwind
und lass den Heiland kommen und lass den Heiland kommen, ja kommen.

Der Christbaum ist der schönste Baum

Buttons played

aus Deutschland
from Germany
G. Eisenach (1842)

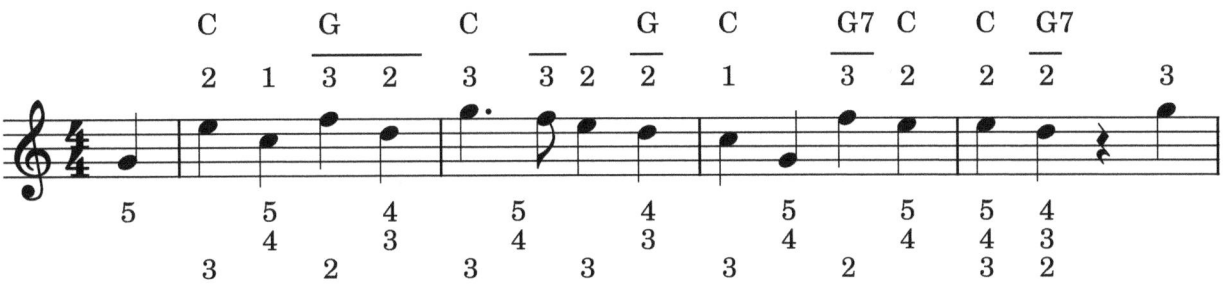

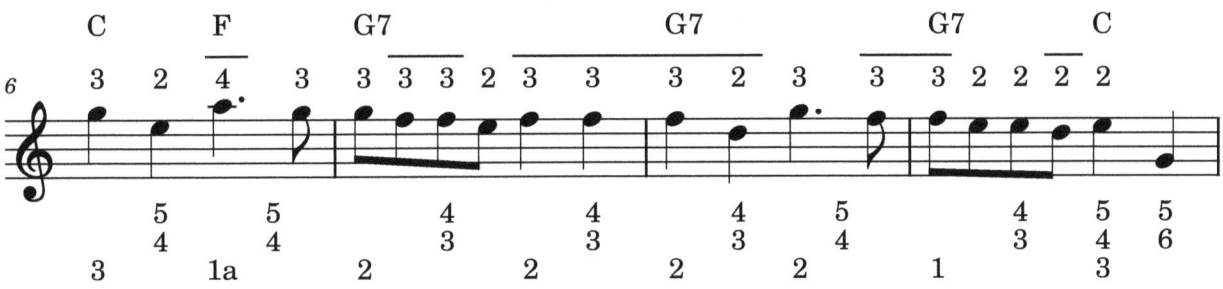

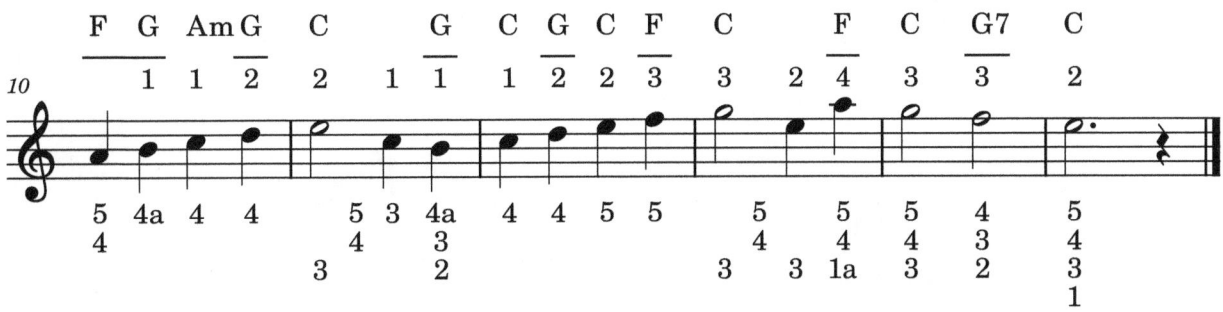

Entre le bœuf et l'âne gris

01.
Entre le bœuf et l'âne gris
Dort, dort, dort le petit fils,
Mille anges divins, Mille séraphins,
Volent à l'entour de ce grand Dieu d'amour.

02.
Entre les deux bras de Marie
Dort, dort, le Fruit de Vie,
Mille anges divins, Mille séraphins,
Volent à l'entour de ce grand Dieu d'amour.

03.
Entre les roses et les lys
Dort, dort, dort le petit fils,
Mille anges divins, Mille séraphins,
Volent à l'entour de ce grand Dieu d'amour.

04.
Entre les pastoureaux jolis
Dort, dort, dort le petit fils,
Mille anges divins, Mille séraphins,
Volent à l'entour de ce grand Dieu d'amour.

Entre le boeuf et l'âne gris

Buttons played

aus der Bretagne (F)
from Brittany (F)
1876

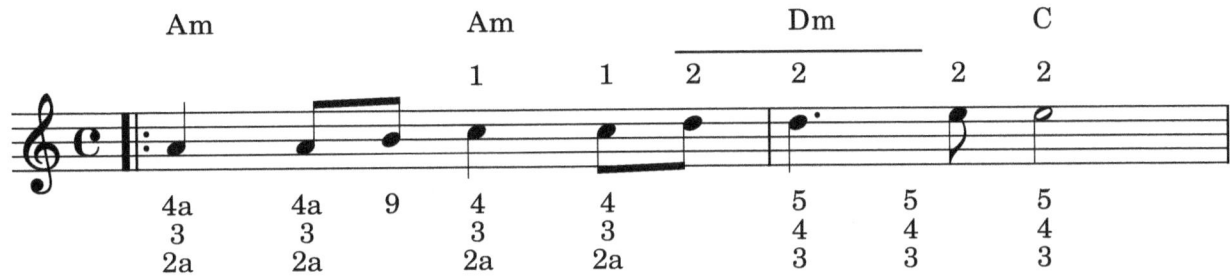
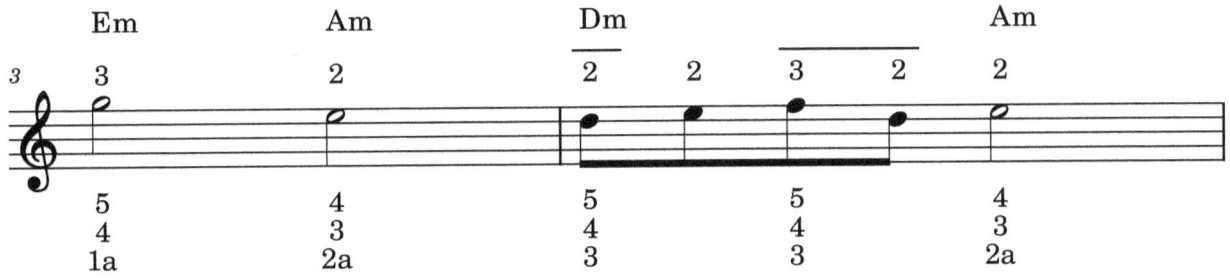
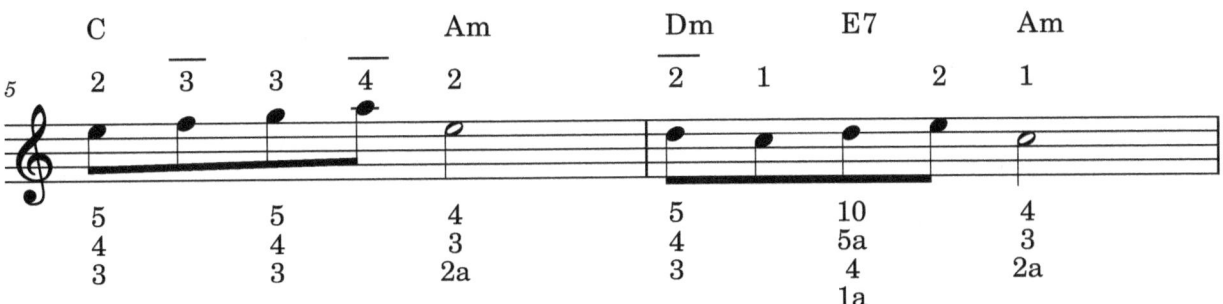
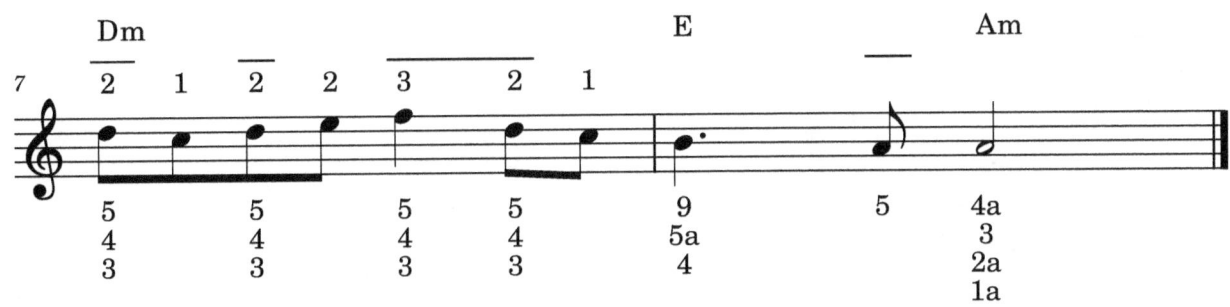

Er is een Kindeke geboren op aard

01.
Er is een Kindeke geboren op aard,
Er is een Kindeke geboren op aard.
't Kwam op de aarde voor ons allemaal,
't Kwam op de aarde voor ons allemaal.

02.
Er is een Kindeke geboren in 't strooi,
Er is een Kindeke geboren in 't strooi.
t Lag in een kribbe gedekt met wat hooi,
't Lag in een kribbe gedekt met wat hooi.

03.
Daar zijn alle nachten drie engeltjes bij,
Daar zijn alle nachten drie engeltjes bij.
Zij wiegen het Kindje en 't slaapt er zo blij,
Zij wiegen het Kindje en 't slaapt er zo blij

04.
't Kwam op de aarde voor ons allemaal,
't Kwam op de aarde voor ons allemaal.
't Wenst ons een zalig nieuwe jaar,
't Wenst ons een zalig nieuwe jaar.

Er is een kindeke geboren op aard

aus Holland oder Flandern
from Holland or Flandern (before 1900)

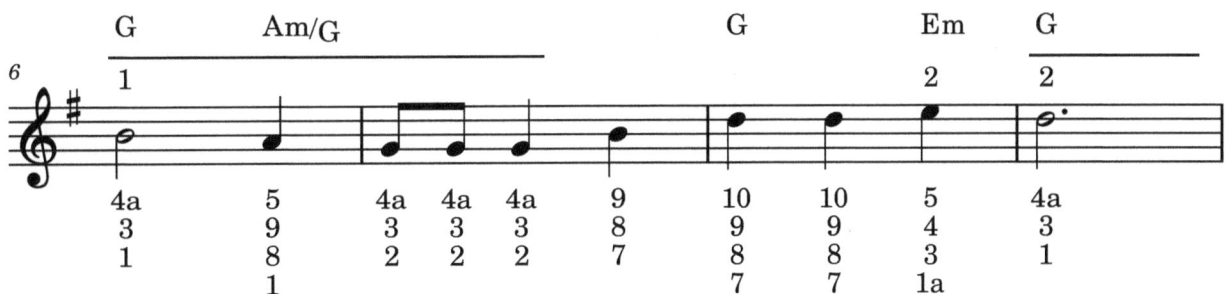
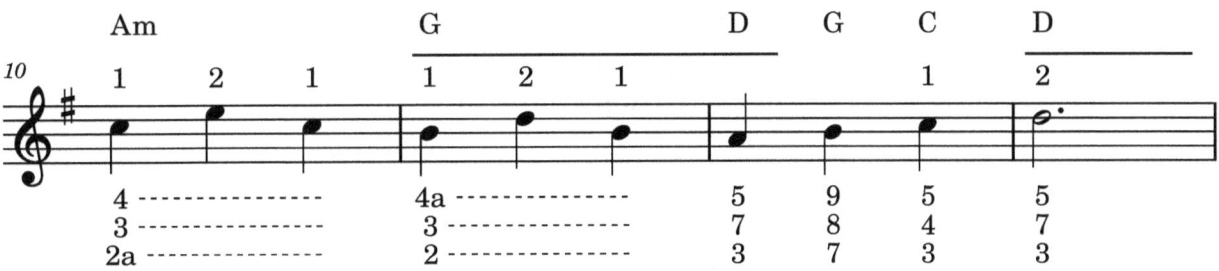
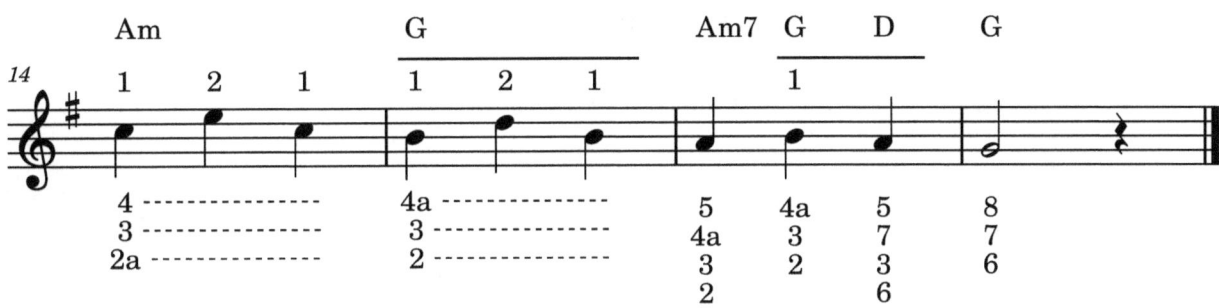

Es ist ein Ros entsprungen

01.
Es ist ein Ros entsprungen
aus einer Wurzel zart,
wie uns die Alten sungen,
von Jesse kam die Art,
und hat ein Blümlein bracht,
mitten im kalten Winter,
wohl zu der halben Nacht.

02.
Das Blümlein, das ich meine,
davon Jesaja sagt,
hat uns gebracht alleine
Marie die reine Magd;
aus Gottes ewgem Rat
hat sie ein Kind geboren
welches uns selig macht.

03.
Das Blümelein so kleine,
das duftet uns so süss;
mit seinem hellen Scheine
vertreibt's die Finsternis.
Wahr' Mensch und wahrer Gott,
hilft und aus allem Leide,
rettet von Sünd und Tod.

04.
O Jesu, bis zum Scheiden
aus diesem Jammertal
lass dein Hilf uns geleiten
hin in den Freudensaal,
in deines Vaters Reich,
da wir dich ewig loben;
o Gott, uns das verleih!

Es ist ein Ros entsprungen

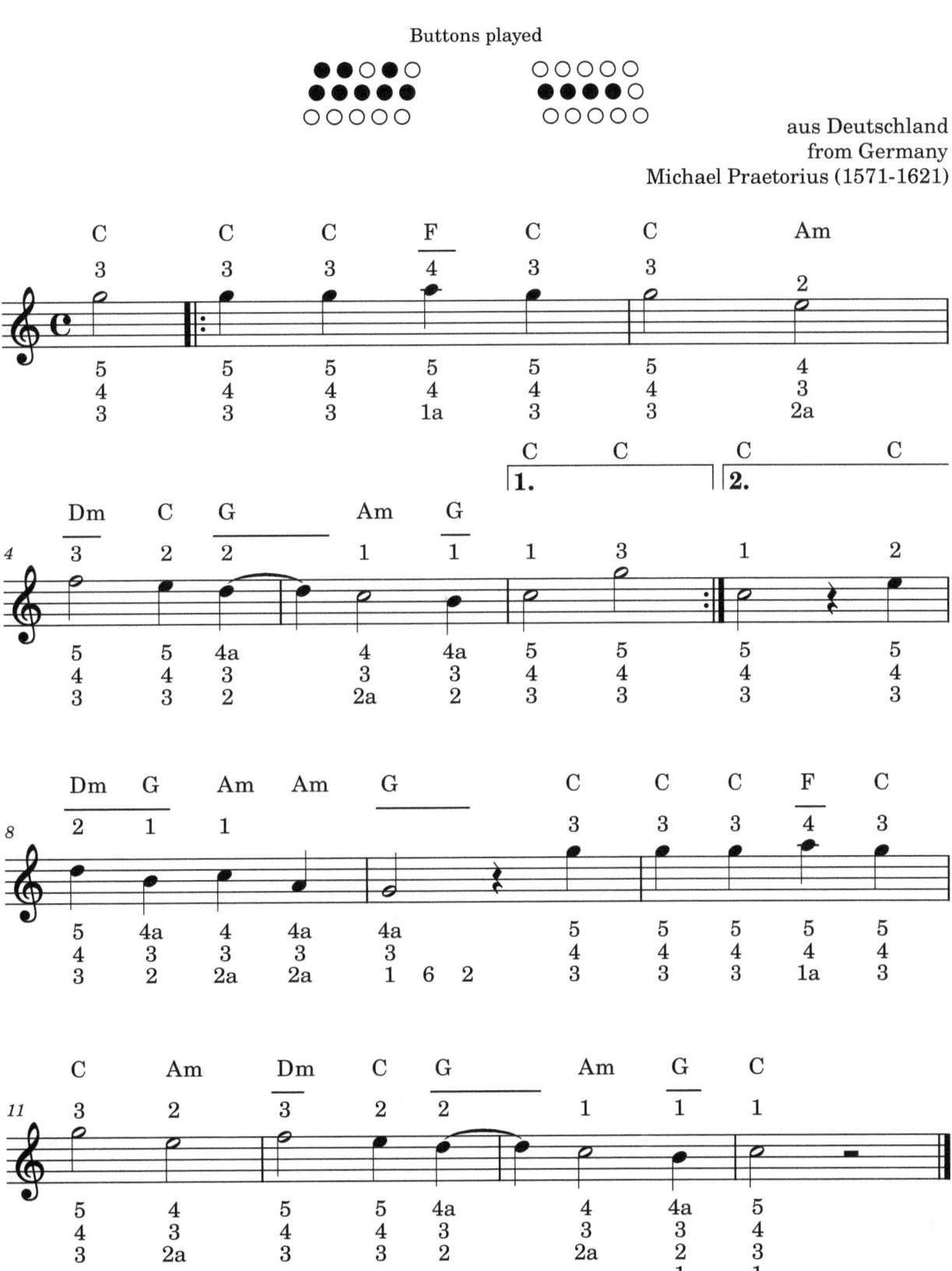

Es ist für uns eine Zeit angekommen

01.
Es ist für uns eine Zeit angekommen,
es ist für uns eine grosse Gnad,
es ist für uns eine Zeit angekommen,
es ist für uns eine grosse Gnad:
Unser Heiland Jesus Christ, der für uns,
der für uns, der für uns Mensch geworden ist.

02.
In der Krippe muss er liegen,
und wenn's der härteste Felsen wär'
in der Krippe muss er liegen,
und wenn's der härteste Felsen wär':
Zwischen Ochs und Eselein, liegest du
liegest du, liegst du armes Jesulein.

03.
Drei König' kamen, ihn zu suchen,
der Stern führt' sie nach Bethlehem.
Drei König' kamen, ihn zu suchen,
der Stern führt' sie nach Bethlehem.
Kron und Zepter legten sie ab, brachten ihm
brachten ihm, brachten ihm ihre reiche Gab'.

Es ist für uns eine Zeit angekommen

Buttons played

aus der Schweiz
from Switzerland (before 1900)

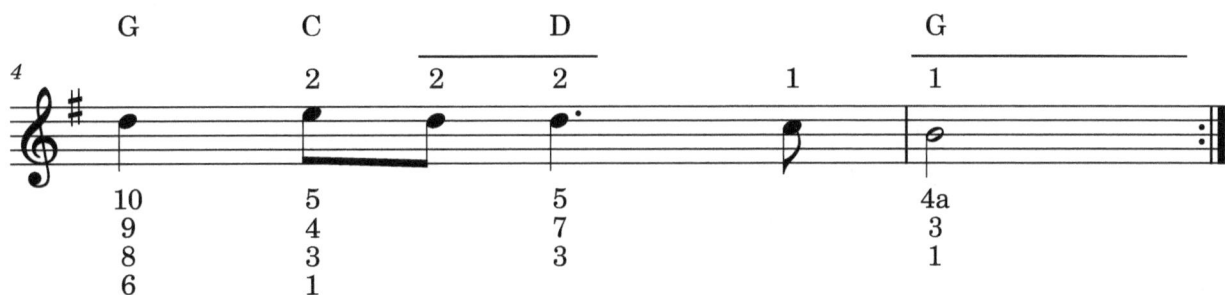
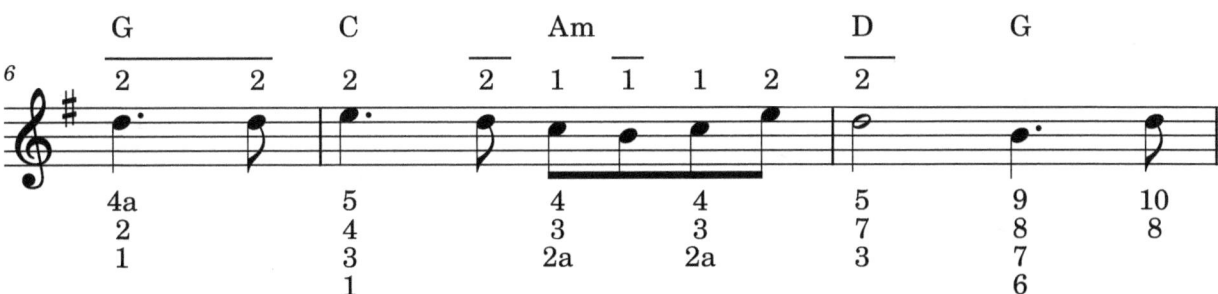

Es kommt ein Schiff geladen

01
Es kommt ein Schiff geladen bis an sein' höchsten Bord,
trägt Gottes Sohn voll Gnaden, des Vaters ewigs Wort.

02.
Das Schiff geht still im Triebe, es trägt ein teure Last,
das Segel ist die Liebe, der Heilig Geist der Mast.

03.
Der Anker haft' auf Erden, da ist das Schiff an Land.
Das Wort will Fleisch uns werden, der Sohn ist uns gesandt.

04.
Zu Bethlehem geboren im Stall ein Kindelein,
gibt sich für uns verloren: Gelobet muss es sein.

05.
Und wer dies Kind mit Freuden umfangen, küssen will,
muss vorher mit ihm leiden gross Pein und Marter viel,

06.
Danach mit ihm auch sterben und geistlich auferstehn,
das ewig Leben erben, wie an ihm ist geschehn.

Es kommt ein Schiff, geladen

Buttons played

aus Deustchland
from Germany
Andernacher GB, Köln 1608
Daniel Sudermann um 1626

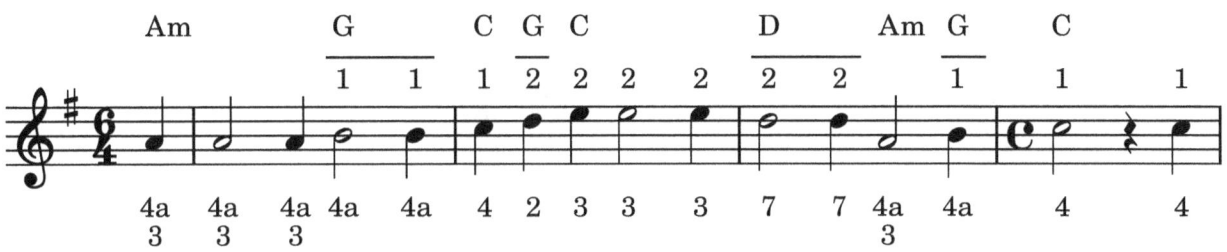

Es wird scho glei dumpa

01.
Es wird scho glei dumpa, es wird scho glei Nacht.
Drum kimm i zu dir her, mein Heiland, auf d'Wacht.
Will singa a Liadl dem Liabling, dem kloan,
du magst ja net schlafn, i hör' di no woan.
Hei, hei, hei, hei! Schlaf süss, herzliabs Kind!

02.
Vergiss jetzt, o Kindlein, dein' Kummer, dein Leid!
dass du da musst leiden om Stall auf der Heid.
Es zier'n ja die Engel dein Krippelein aus,
möchte schöner nicht sein in dem vornehmsten Haus.
Hei, hei, hei, hei! Schlaf süss, herzliabs Kind!

03.
O Kindlein, du liegst dort im Kripplein so schön;
mir scheint, ich kann niemals von dir dort weggehn.
Ich wünsch' dir von Herzen die süsseste Ruh;
die Engel vom Himmel, die decken dich zu.
Hei, hei, hei, hei! Schlaf süss, herzliabs Kind!

04.
Schliess zu deine Äuglein in Ruh' und in Fried'
und gib mir zum Abschied dein'n Segen nur mit.
Dann wird auch mein Schlafen ganz sorgenlos sein,
dann kann ich mich ruhig auf's Niederleg'n freun.
Hei, hei, hei, hei! Schlaf süss, herzliabs Kind!

Es wird scho glei dumpa

aus Österreich
from Austria
Anton Reidinger (1839-1912)

Fröhliche Weihnacht überall

01.
Fröhliche Weihnacht! Überall, tönet durch die Lüfte froher Schall.
Weihnachtston, Weihnachtsbaum, Weihnachtsduft in jedem Raum!
Fröhliche Weihnacht! Überall, tönet durch die Lüfte froher Schall.
Darum alle stimmet ein, in den Jubelton,
Denn es kommt das Licht der Welt von des Vaters Thron.
Fröhliche Weihnacht! Überall, tönet durch die Lüfte froher Schall.
Weihnachtston, Weihnachtsbaum, Weihnachtsduft in jedem Raum!

02.
Fröhliche Weihnacht! Überall, tönet durch die Lüfte froher Schall.
Weihnachtston, Weihnachtsbaum, Weihnachtsduft in jedem Raum!
Fröhliche Weihnacht! Überall, tönet durch die Lüfte froher Schall.
Licht auf dunklem Wege, unser Licht bist du,
Denn du führst, die dir vertraun, ein zur sel'gen Ruh.
Fröhliche Weihnacht ......

03.
Fröhliche Weihnacht! Überall, tönet durch die Lüfte froher Schall.
Weihnachtston, Weihnachtsbaum, Weihnachtsduft in jedem Raum!
Fröhliche Weihnacht! Überall, tönet durch die Lüfte froher Schall.
Was wir andern taten, sei getan für dich!
Dass ein jedes singen kann: Christkind kam für mich.
Fröhliche Weihnacht .....

04.
Merry, merry Christmas everywhere! Cheerily it ringeth through the air;
Christmas bells, Christmas trees, Christmas odors on the breeze.
Merry, merry Christmas everywhere! Cheerily it ringeth through the air;
Why should we so joyfully sing, with grateful mirth?
See! The Sun of Righteousness beams upon the earth!

05.
Merry, merry Christmas everywhere! Cheerily it ringeth through the air;
Christmas bells, Christmas trees, Christmas odors on the breeze.
Merry, merry Christmas everywhere! Cheerily it ringeth through the air;
Light of weary wanderers, comfort for th'oppressed!
He will guide His trusting ones into perfect rest.

06.
Merry, merry Christmas everywhere! Cheerily it ringeth through the air;
Christmas bells, Christmas trees, Christmas odors on the breeze.
Merry, merry Christmas everywhere! Cheerily it ringeth through the air;
Deeds of faith and charity, these our offerings be;
Leading every soul to sing, Christ was born for me!

Fröhliche Weihnacht überall

Hei tonttu-ukot hyppikää

Hei, tonttu-ukot hyppikää, nyt on riemun raikkaihin aika!
Hei, tonttu-ukot hyppikää, nyt on riemun raikkaihin aika!
Hetken kestää elämä, ja sekin synkkä ja ikävä.
Hei, tonttu-ukot hyppikää, nyt on riemun raikkaihin aika!

Hei, tonttu-ukot hyppikää

Buttons played

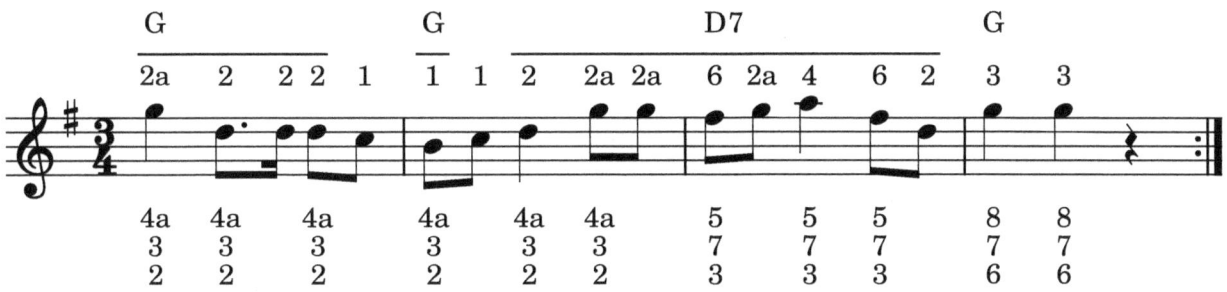

aus Finnland
from Finland
Originally a drinking song from Sweden

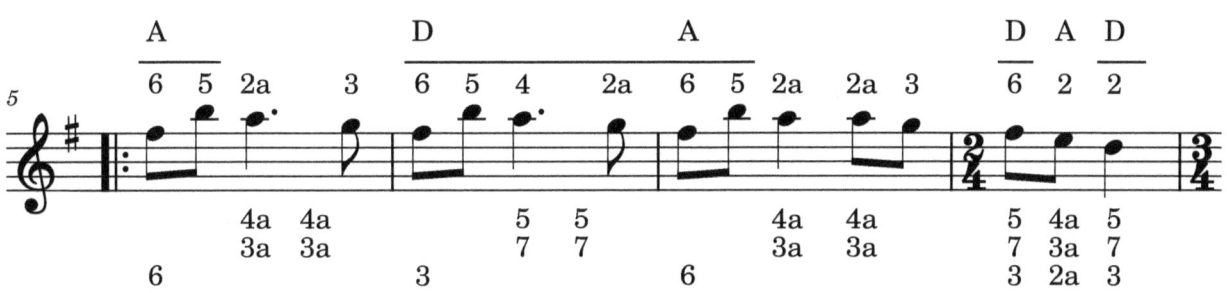

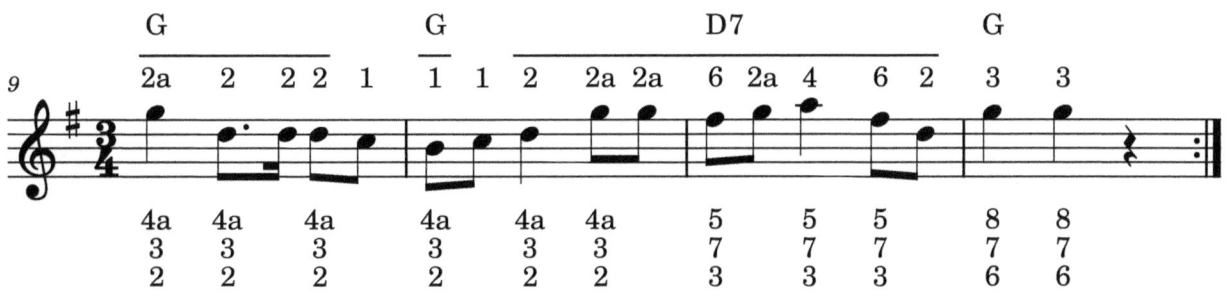

Hola, Hola

01.
Hola, hola, pasterze z pola,
idźcie, Pana witajcie, a co macie, to dajcie!
Wołają Aniołowie: „Pójdźcie, mili bratkowie!

Gloria, Gloria, Gloria! Niech żyje Pan Jezus Dziecina".

02.
Hola, hola, pasterze z pola!
Pójdźcie przywitać Pana, padajcie na kolana,
oddajcie Mu swe dary, z serc uprzejmych ofiary.

Gloria...

03.
Hola, hola, pasterze z pola!
Anieli Mu śpiewają, że Pan wielki, znać dają.
Wszyscy Pana witajcie, a co macie, to dajcie.

Gloria...

04.
Hola, hola, pasterze z pola!
Pójdźmy, pójdźmy z weselem do tego, do Betlejem,
niech się ucieszy dusza dla małego Jezusa.

Gloria...

Hola, Hola

Ihr Kinderlein kommet

01.
Ihr Kinderlein kommet, oh kommet doch all!
Zur Krippe her kommet in Bethlehems Stall
und seht, was in dieser hochheiligen Nacht
der Vater im Himmel für Freude uns macht.

02.
O seht in der Krippe, im nächtlichen Stall,
seht hier bei des Lichtleins hellglänzendem Strahl
in reinlichen Windeln das himmlische Kind,
viel schöner und holder als Engelein sind.

03.
Da liegt es, das Kindlein, auf Heu und auf Stroh,
Maria und Josef betrachten es froh,
die redlichen Hirten knien betend davor,
hoch oben schwebt jubelnd der Engelein Chor.

04.
O beugt wie die Hirten anbetend die Knie,
erhebet die Hände und danket wie sie.
Stimmt freudig, ihr Kinder, wer wollt' sich nicht freu'n?
Stimmt freudig zum Jubel der Engel mit ein!

Ihr Kinderlein kommet

Buttons played

aus Deutschland
from Germany
Johann Schulz (1747-1800)

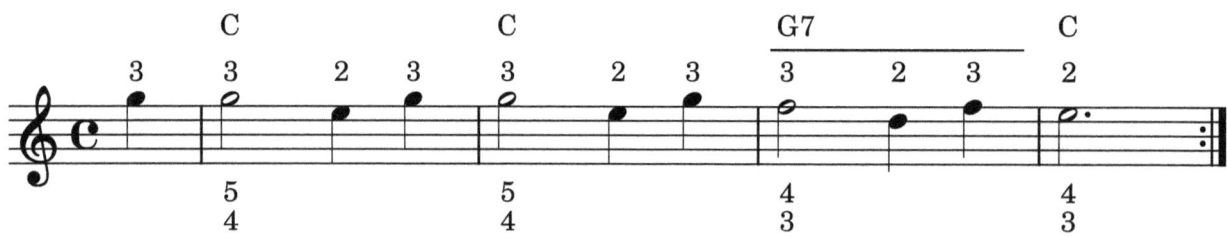

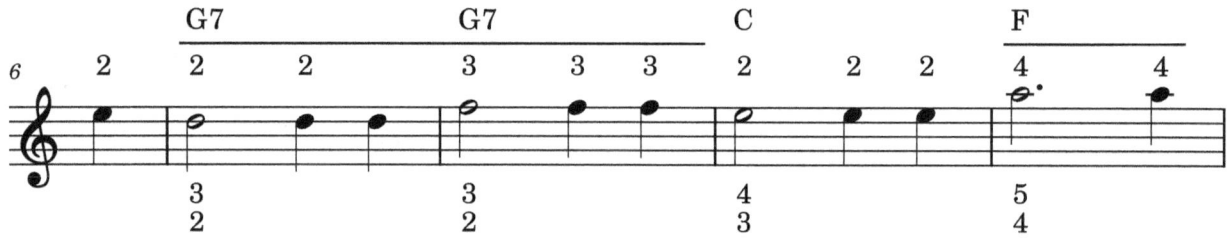

Ihr Kinderlein kommet

Buttons played

aud Deutschland
from Germany
Johann Schulz (1747-1800)

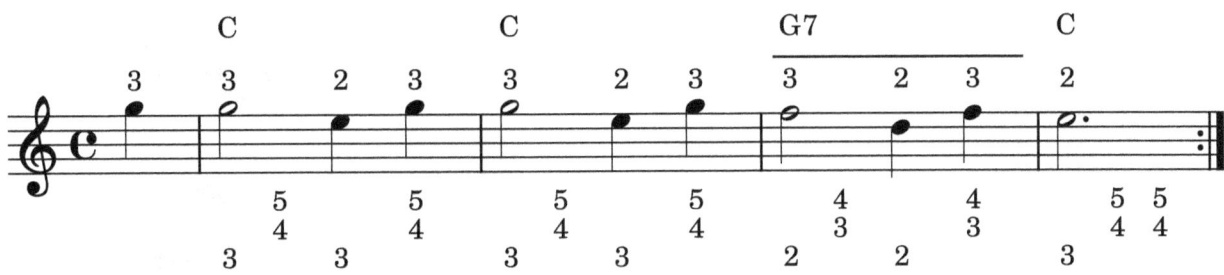

Il est né le divin Enfant

01.
Il est né le divin Enfant
Jour de fête aujourd'hui sur terre !
Il est né le divin Enfant,
Chantons tous son avènement.
Le Sauveur que le monde attend
Pour tout homme est la vraie lumière,
Le Sauveur que le monde attend
Est clarté pour tous les vivants.

02.
Il est né le divin Enfant
Jour de fête aujourd'hui sur terre !
Il est né le divin Enfant,
Chantons tous son avènement.
De la crèche au crucifiement,
Dieu nous livre un profond mystère,
De la crèche au crucifiement,
Il nous aime inlassablement.

03.
Il est né le divin Enfant
Jour de fête aujourd'hui sur terre !
Il est né le divin Enfant,
Chantons tous son avènement.
Qu'il revienne à la fin des temps
Nous conduire à la joie du Père,
Qu'il revienne à la fin des temps
Et qu'il règne éternellement !

Il est né, le divin enfant

Buttons played

From Lorraine (F) 1862

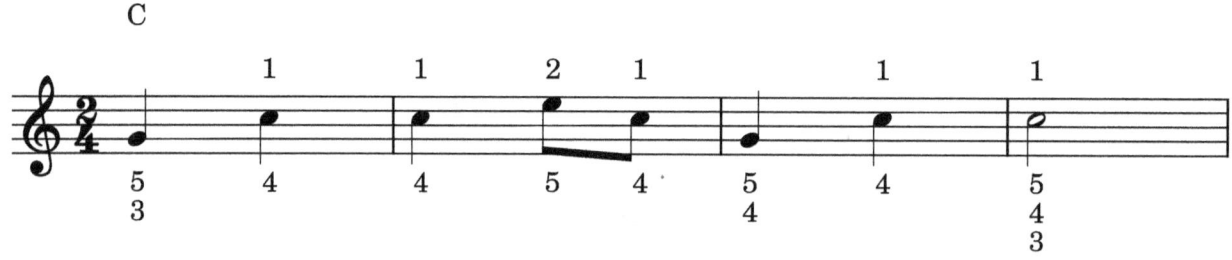
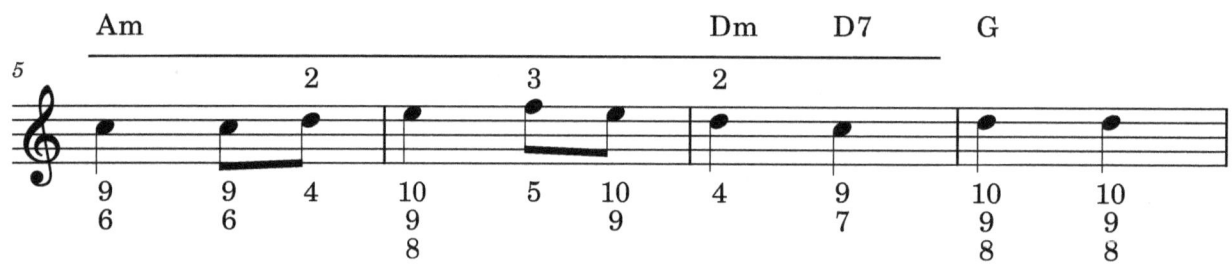
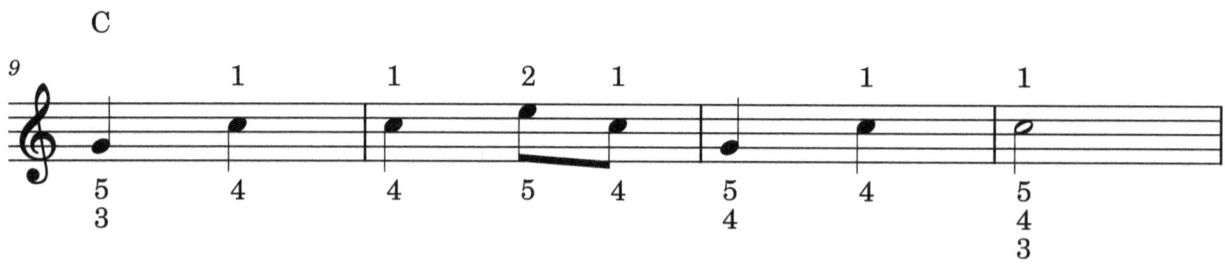
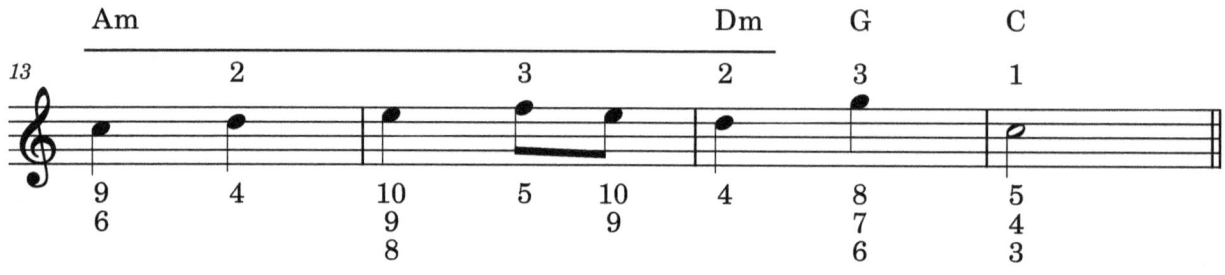

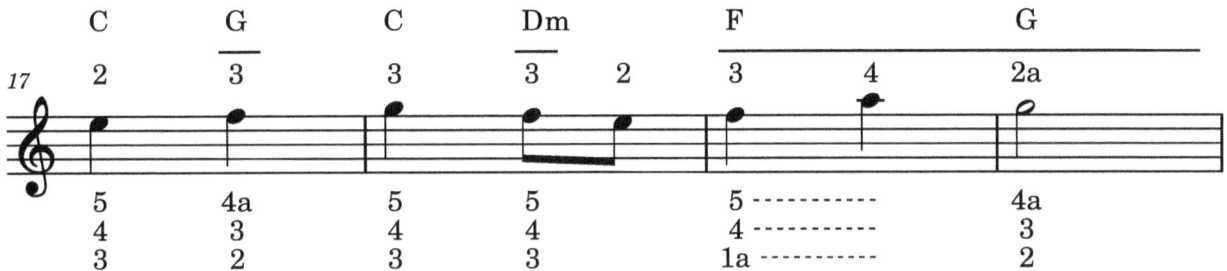

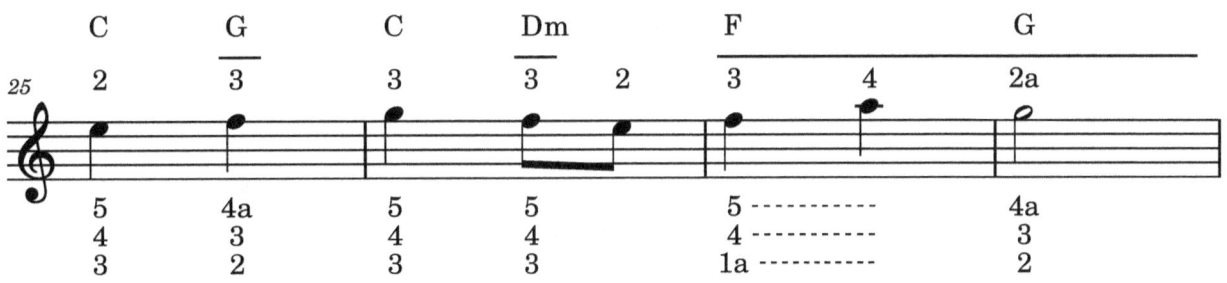
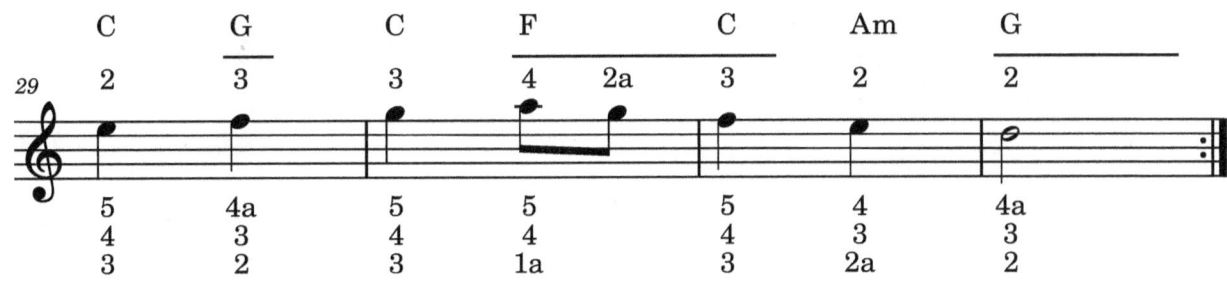

In dulci jubilo

01.
In dulci jubilo, nun singet und seid froh!
Unsres Herzens Wonne, leit in praesepio
und leuchtet als die Sonne matris in gremio.
Alpha es et O. Alpha es et O.

02.
O Jesu parvule, nach dir ist mir so weh.
Tröst mir mein Gemüte, o puer optime,
durch alle deine Güte, o princeps gloriae.
Trahe me post te! Trahe me post te!

03.
Ubi sunt gaudia? Nirgend mehr denn da,
da die Engel singen nova cantica
und die Schellen klingen in regis curia.
Eia, wärn wir da! Eia, wärn wir da!

04.
Mater et filia ist Jungfrau Maria;
wir wärn gar verloren per nostra crimina:
so hast du uns erworben coelorum gaudia.
Maria, hilf uns da! Maria, hilf uns da!

In dulci jubilo

Buttons played

English, c.1400

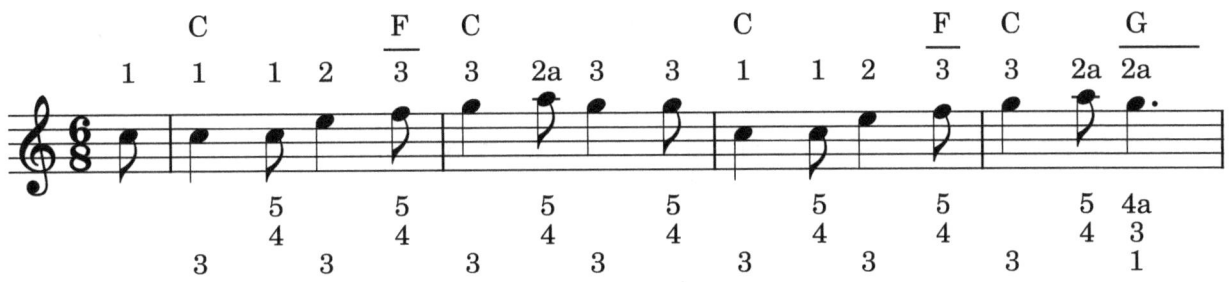

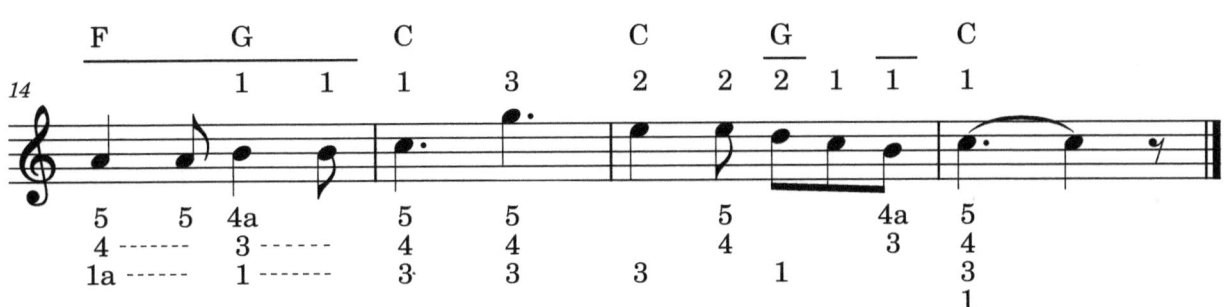

Inmitten der Nacht

01.
Inmitten der Nacht, als Hirten erwacht,
da hörte man singen und Gloria klingen ein englische Schaar,
eia, geboren Gott war.

02.
Die Hirten im Feld verließen ihr Zelt,
sie gingen mit Eilen, ja ohne Verweilen dem Krippelein zu,
ja zu, der Hirt und der Bub.

03.
Sie fanden geschwind das göttliche Kind,
es herzlich zu grüssen, es herzlich zu küssen, sie waren bedacht
bedacht, dieselbige Nacht.

04.
Kommt, Christen, kommt her, kommt aber nicht leer,
beschauet das Kindelein, es liegt in dem Krippelein, schenkt ihm euer Herz
das Herz, es lindert den Schmerz.

Inmitten der Nacht

Buttons played

aus Schlesien (Preussen)
from Silesia 1900

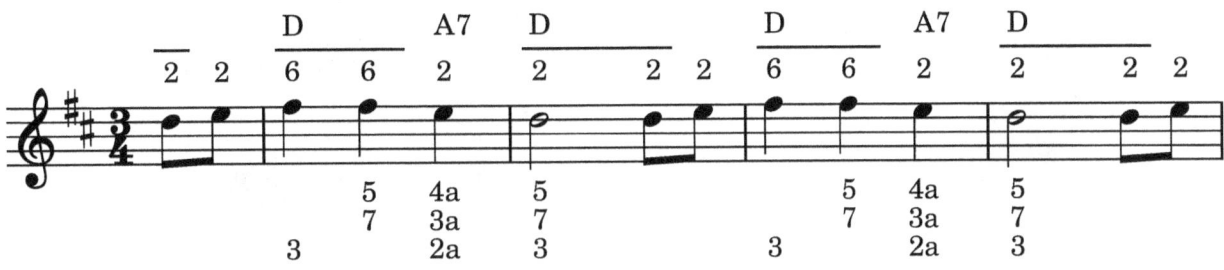

55 Christmas Songs From All Over The World

Jingle Bells

Jingle Bells, Jingle Bells Jingle all the way
Oh what fun it is to ride in a One horse open sleigh
Jingle bells, Jingle Bells Jingle all the way
Oh what fun it is to ride in a one Horse open sleigh

Dashing through the snow In a one horse open sleigh
Over the hills we go Laughing all the way
Bells on Bobtails ring Making spirits bright
What fun it is to ride and sing A sleighing song tonight

Jingle Bells, Jingle Bells.....

Jingle Bells

Buttons played

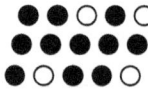 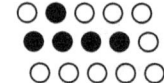

James Lord Pierpont, 1857

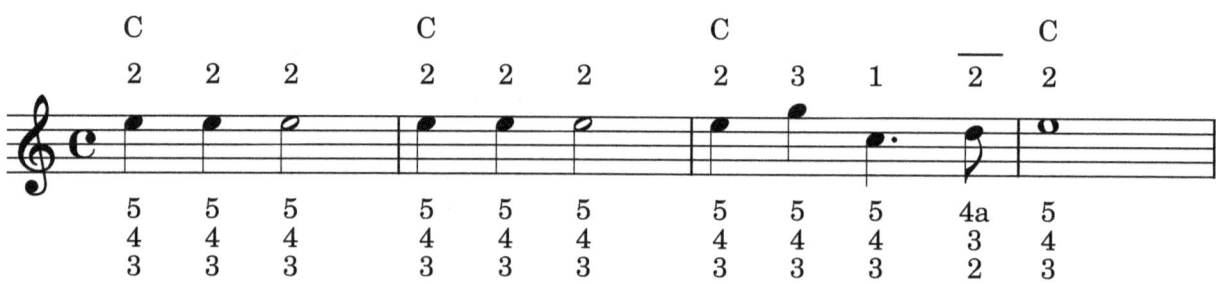
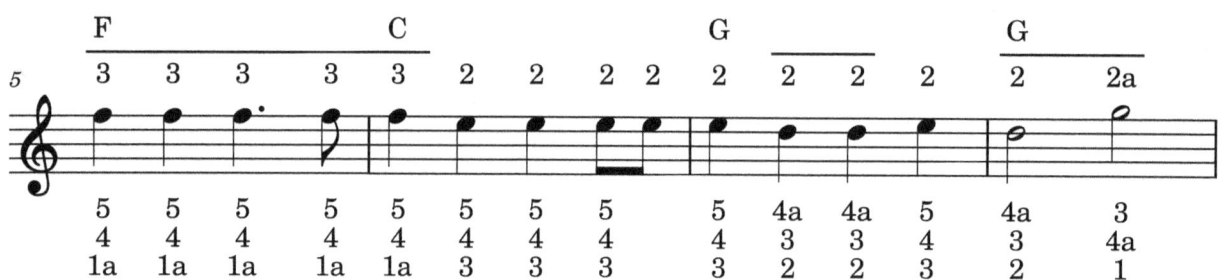
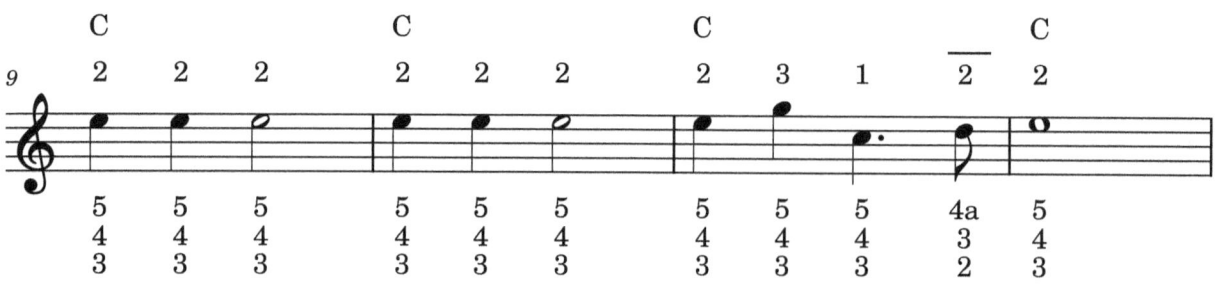
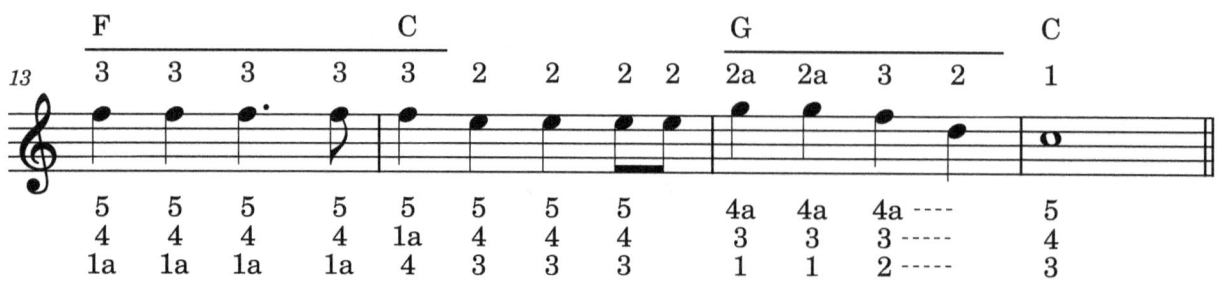

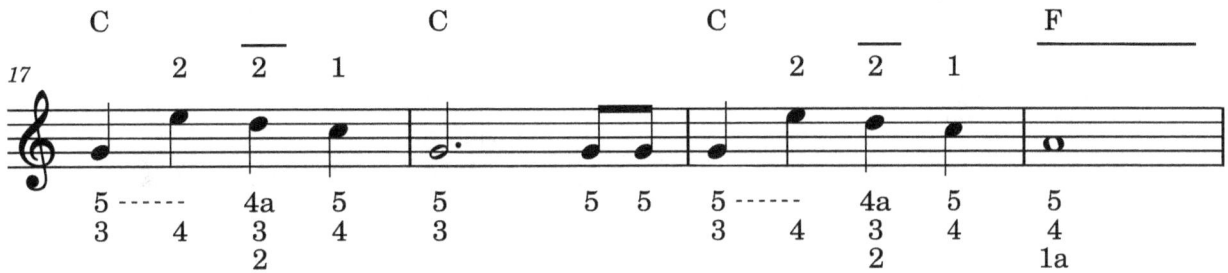
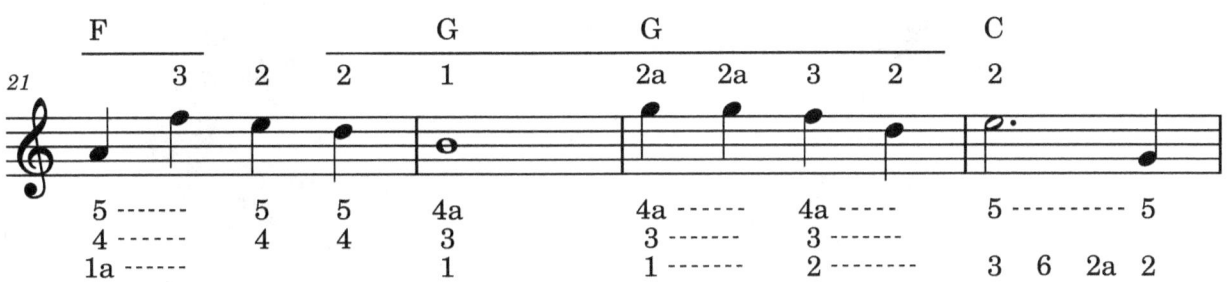
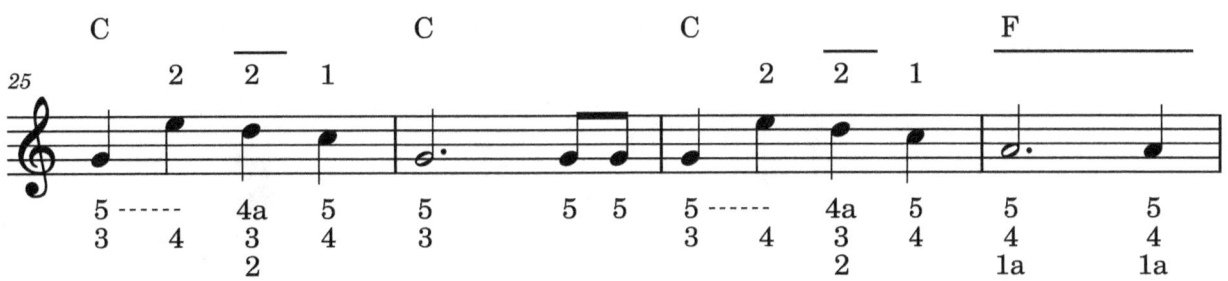

Kaj se vam zdi

01.
Kaj se vam zdi, pastirci vi,
ali ste kaj slišali?
Veseli glas gre dol do nas,
z nebes veseli glas.

Gloria in excelsis Deo,
tako angelci pojejo:
lepo pojo na čast Bogu,
odprto je nebo.

02.
Tja pojdite in molite
Zveličarja Boga.
Kot angelci zapojte vsi,
kar glas moči ima.

Gloria in excelsis Deo,
tako angelci pojejo:
lepo pojo na čast Bogu,
odprto je nebo.

03.
Sveti Jožef in Marijapa sta
srečna sveti čas,
Z nam molita in hvalita
prepevata na glas.

Gloria in excelsis Deo,
tako angelci pojejo:
lepo pojo na čast Bogu,
odprto je nebo.

04.
Češčen povsod tvoj rojstni god,
o Jezus, naš Gospod!
Počeščen ti, ki prišel si
odrešit vse ljudi.

Gloria in excelsis Deo,
tako angelci pojejo:
lepo pojo na čast Bogu,
odprto je nebo.

Kai se vam zdi

Buttons played

aus Slowenien
from Slovenia

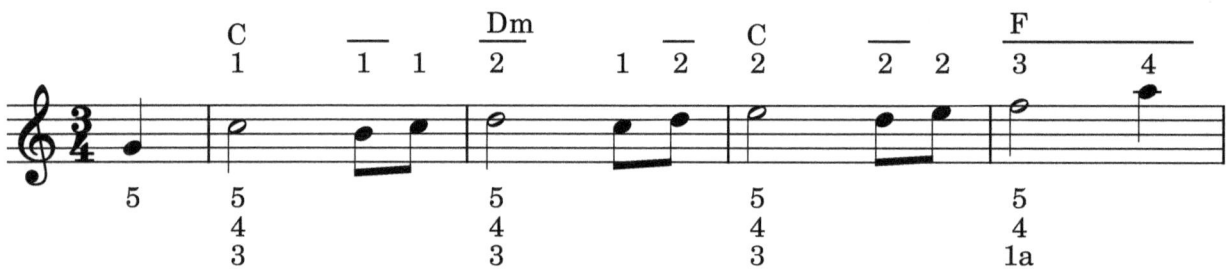
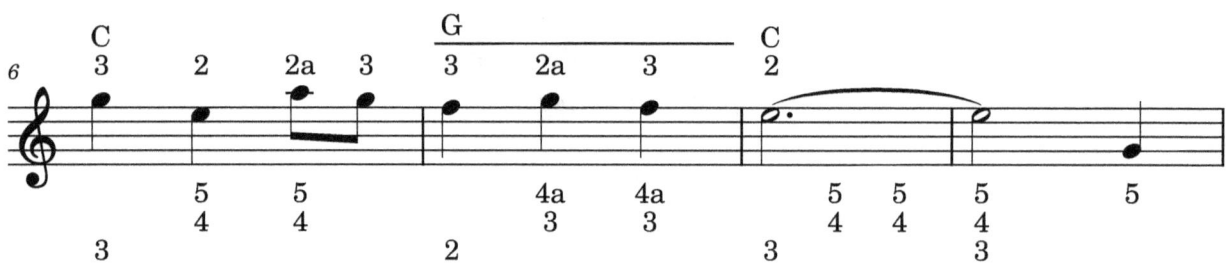

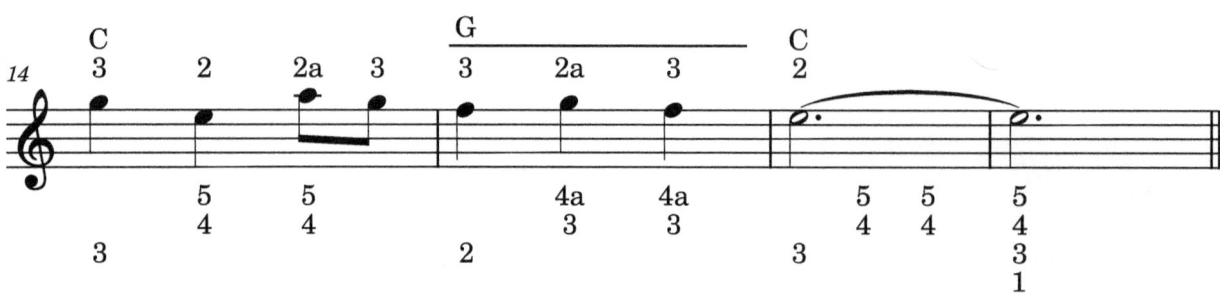

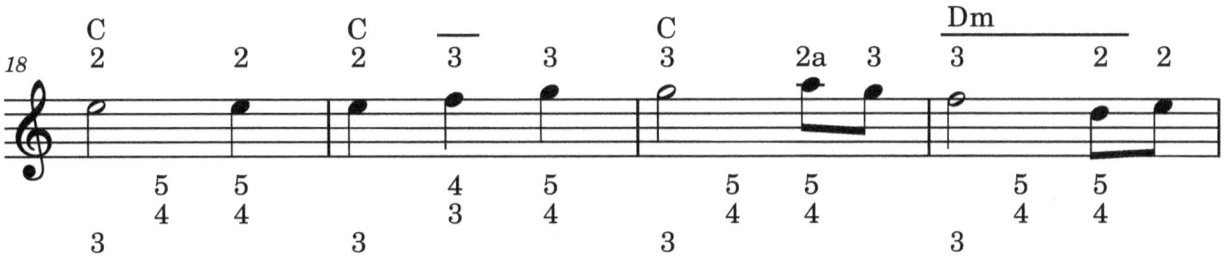
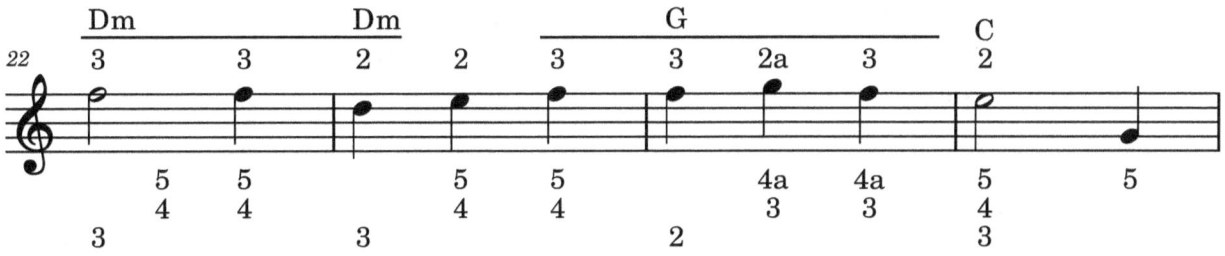
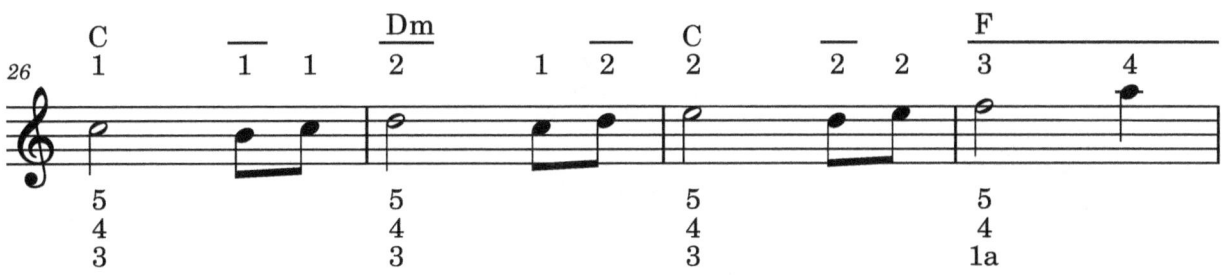

55 Christmas Songs From All Over The World

Kling, Glöckchen klingelingeling

01.
Kling, Glöckchen, Klingelingeling, Kling, Glöckchen Kling
Laßt mich ein ihr Kinder, ist so kalt der Winter
Öffnet mir die Türen, lasst mich nicht erfrieren
Kling, Glöckchen, Klingelingeling, Kling, Glöckchen Kling

02.
Kling, Glöckchen, Klingelingeling, Kling, Glöckchen Kling
Mädchen hört und Bübchen, macht mir auf das Stübchen
Bring euch viele Gaben, sollt Euch dran erlaben
Kling, Glöckchen, Klingelingeling, Kling, Glöckchen Kling

03.
Kling, Glöckchen, Klingelingeling, Kling, Glöckchen Kling
Hell erglühen die Kerzen, öffnet mir die Herzen
Will drin wohnen fröhlich, frommes Kind wie selig
Kling, Glöckchen, Klingelingeling, Kling, Glöckchen Kling

Kling, Glöckchen, klingelingeling

Buttons played

Traditional

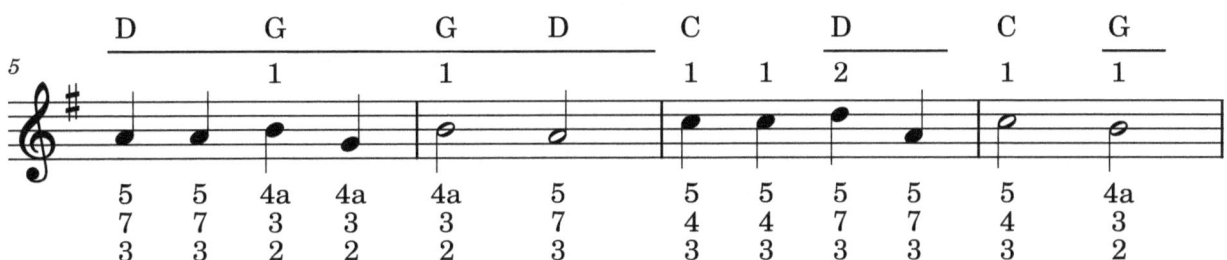
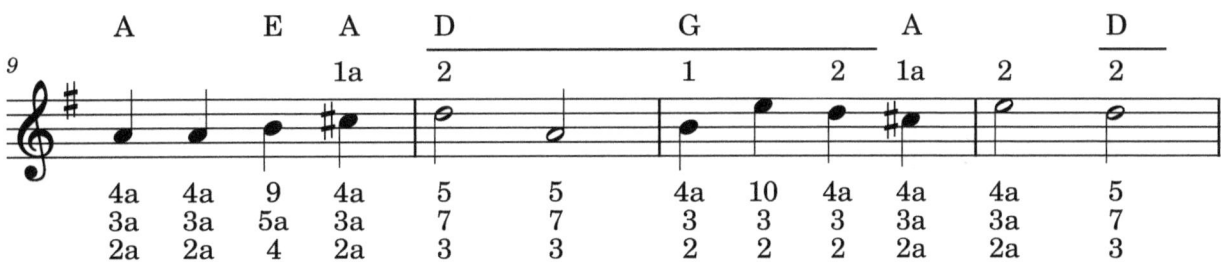
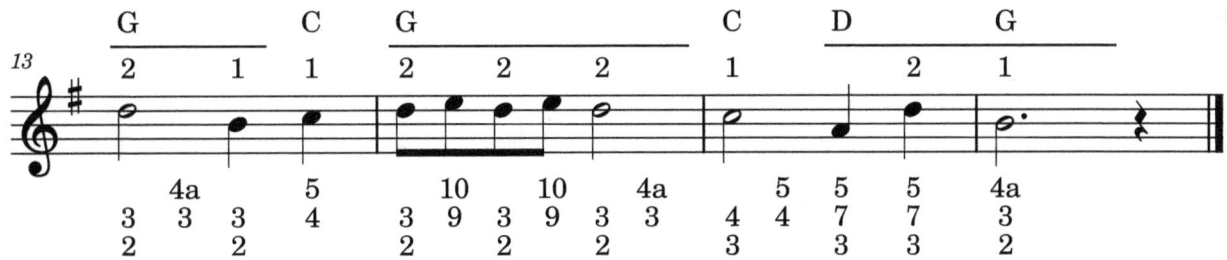

Kommet, ihr Hirten

01.
Kommet, ihr Hirten, ihr Männer und Frau'n,
kommet, das liebliche Kindlein zu schau'n,
Christus, der Herr ist heute geboren,
den Gott zum Heiland euch hat erkoren.
Fürchtet euch nicht!

02.
Lasset uns sehen in Bethlehems Stall,
was uns verheissen der himmlische Schall.
Was wir dort finden, lasset uns künden,
lasset uns preisen in frommen Weisen.
Halleluja!

03.
Wahrlich, die Engel verkündigen heut'
Bethlehems Hirtenvolk gar grosse Freud'.
Nun soll es werden Friede auf Erden,
den Menschen allen ein Wohlgefallen.
Ehre sei Gott!

Kommet, ihr Hirten

Buttons played

aus Böhmen
from Bohemia 1870
Carl Riedel (1827-1888)

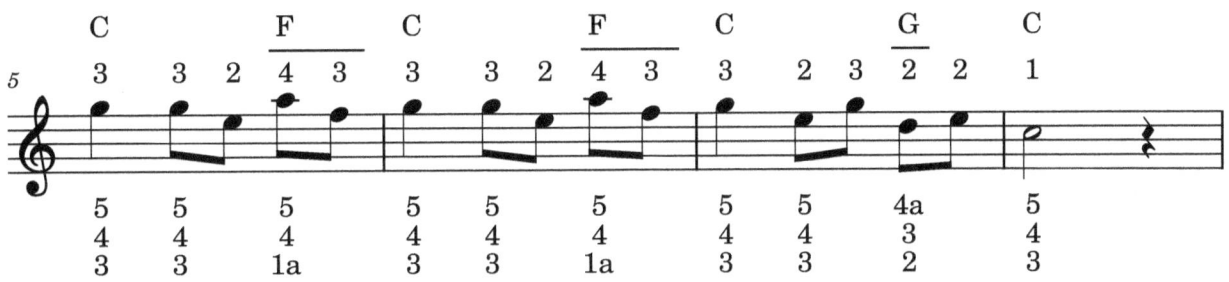
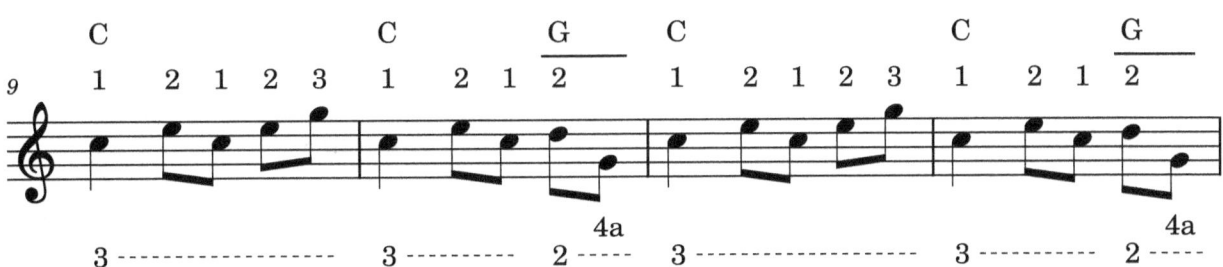
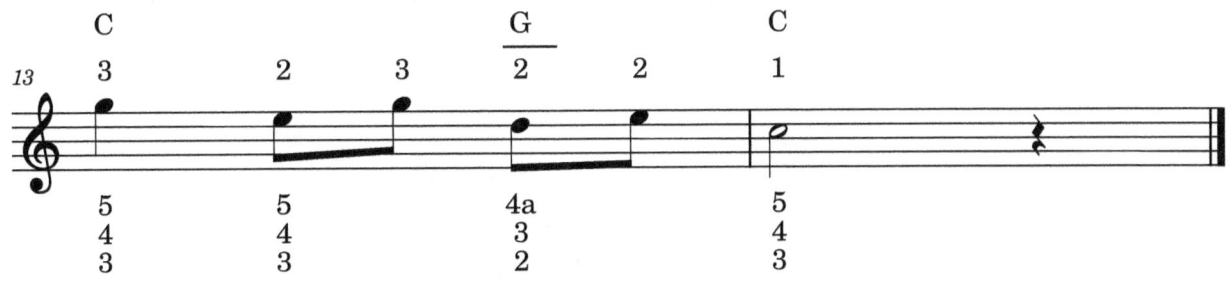

La Ronda de la estrella

01.
Una estrellita pasó caminando pa' Belén
era tan linda y tan joven que el niño la quiso ver.
El buey le dijo que no el gallo dijo no sé
pero el burrito de pascua quiso seguirla con él.

Así partieron los dos el niño en regio corcel
hasta llegar a una tierra «copia feliz del edén.»
hasta llegar a una tierra «copia feliz del edén.»

02.
Cuando del burro bajó la estrella no pudo ver
y al preguntar a otro niño logró saber el porqué.
La estrella cuando pasó por esta tierra de edén
entre el mar y las montañas del cielo quiso caer.

Pues al fin pudo encontrar en Chile gente de bien
y se quedó en su bandera para aprender a querer,
y se quedó en su bandera para aprender a querer.

La Ronda de la estrella

Buttons played

aus Chile
from Chile

Lasst uns froh und munter sein

01.
Lasst uns froh und munter sein, und uns recht von Herzen freun!
Lustig, lustig, traleralera! Bald ist Nikolaus Abend da,
bald ist Nikolaus Abend da!

02.
Dann stell ich den Teller auf, Nik'laus legt gewiß was drauf.
Lustig, lustig, traleralera! Bald ist Nikolaus Abend da,
bald ist Nikolaus Abend da!

03.
Wenn ich schlaf, dann träume ich, jetzt bringt Nik'laus was für mich.
Lustig, lustig, traleralera! Bald ist Nikolaus Abend da,
bald ist Nikolaus Abend da!

04.
Wenn ich aufgestanden bin, lauf ich schnell zu dem Teller hin.
Lustig, lustig, traleralera! Bald ist Nikolaus Abend da,
bald ist Nikolaus Abend da!

05
Nik'laus ist ein guter Mann, dem man nicht genug danken kann!
Lustig, lustig, traleralera! Bald ist Nikolaus Abend da,
bald ist Nikolaus Abend da!

Lasst uns froh und munter sein

Traditional

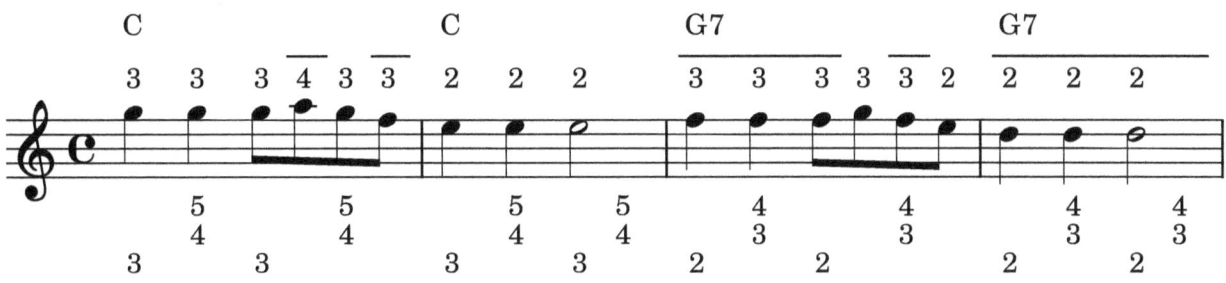
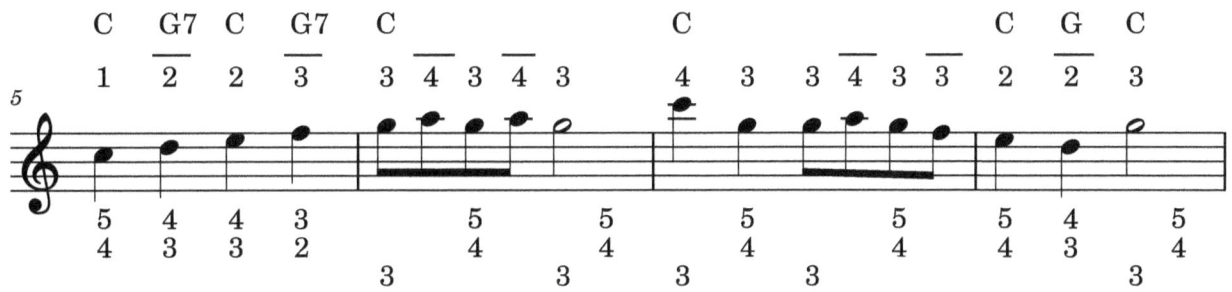
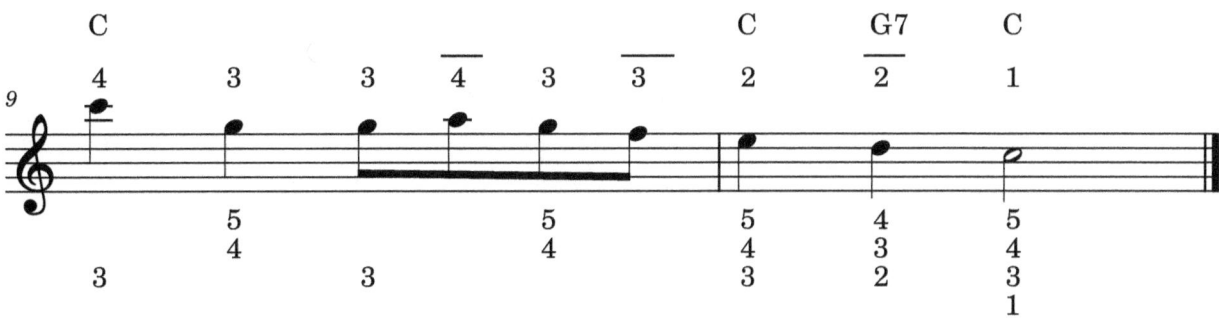

Leise rieselt der Schnee

01.
Leise rieselt der Schnee,
still und starr ruht der See,
weihnachtlich glänzet der Wald:
Freue dich, Christkind kommt bald!

02.
In den Herzen ist's warm,
still schweigt Kummer und Harm,
Sorge des Lebens verhallt:
Freue dich, Christkind kommt bald!

03.
Bald ist heilige Nacht,
Chor der Engel erwacht,
horch nur, wie lieblich es schallt:
Freue dich, Christkind kommt bald!

Leise rieselt der Schnee

Buttons played

aus Deutschland
from Germany
Eduard Ebel (1839-1905)

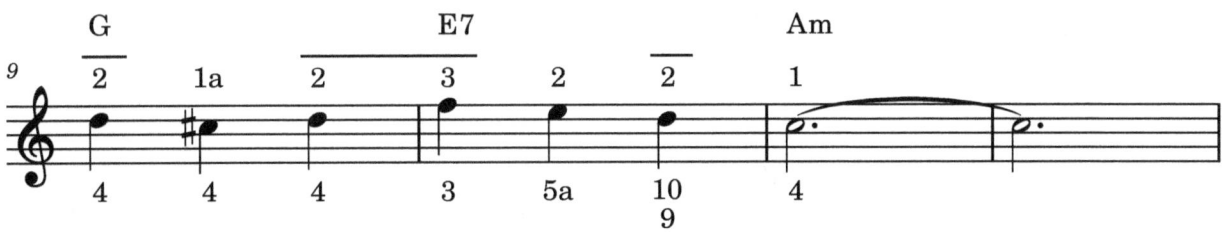

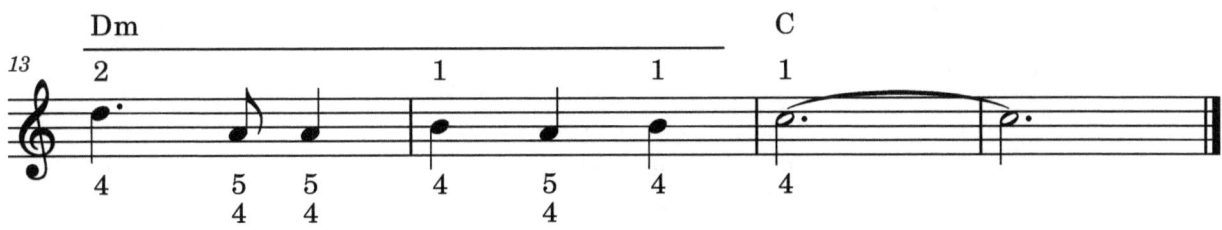

Les anges dans nos campagnes

01.
Les anges dans nos campagnes
Ont entonné l'hymne des cieux,
Et l'écho de nos montagnes
Redit ce chant mélodieux :
Gloria in excelsis Deo

02.
Il est né, le Roi céleste,
le Dieu Très-Haut, le seul Sauveur.
En lui Dieu se manifeste
pour nous donner le vrai bonheur.
Gloria...

03.
Il apporte à notre monde la paix,
ce bien si précieux.
Qu'aujourd'hui nos cœurs répondent
pour accueillir le don de Dieu.
Gloria...

04.
Bergers, pour qui cette fête ?
Quel est l'objet de tous ces chants ?
Quel vainqueur, quelle conquête
Mérite ces cris triomphants :
Gloria...

05
Ils annoncent la naissance
Du libérateur d'Israël
Et pleins de reconnaissance
Chantent en ce jour solennel :
Gloria ...

06.
Cherchons tous l'heureux village
Qui l'a vu naître sous ses toits
Offrons-lui le tendre hommage
Et de nos cœurs et de nos voix :
Gloria ...

Les anges dans nos campagnes

Buttons played

aud Süd-Frankreich
from Southern France
1842

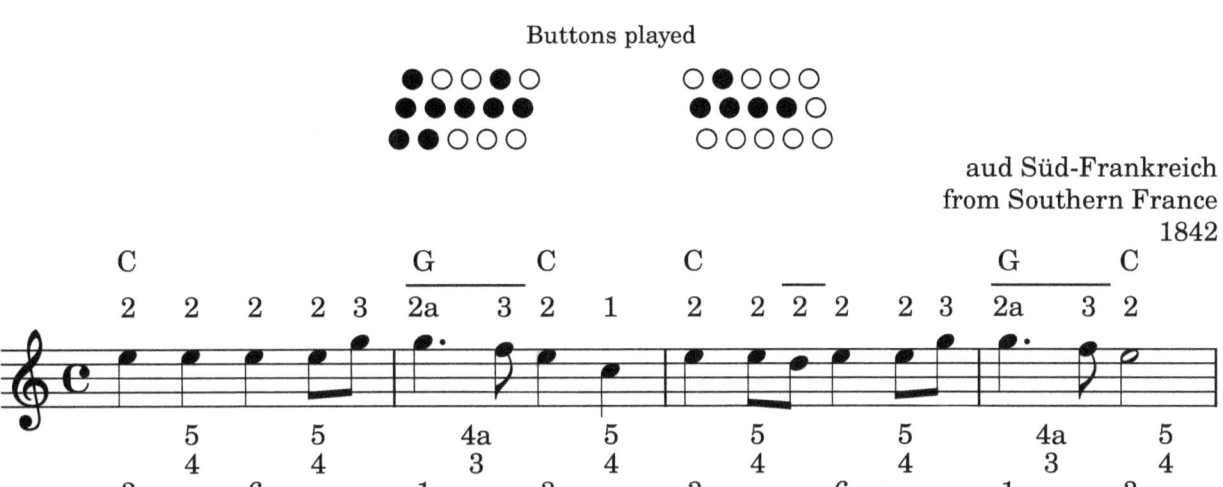
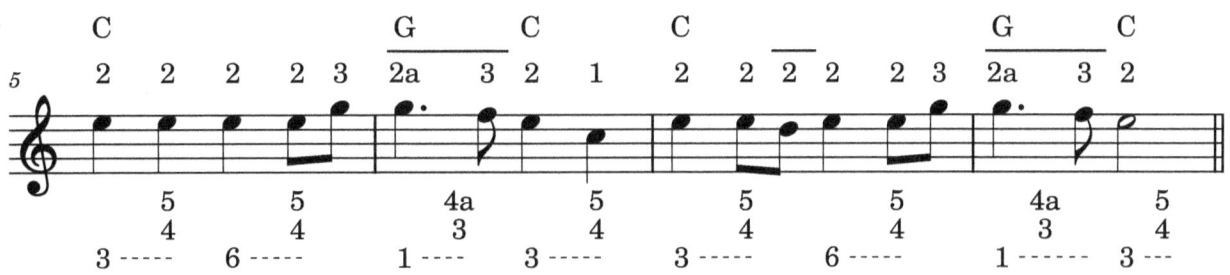
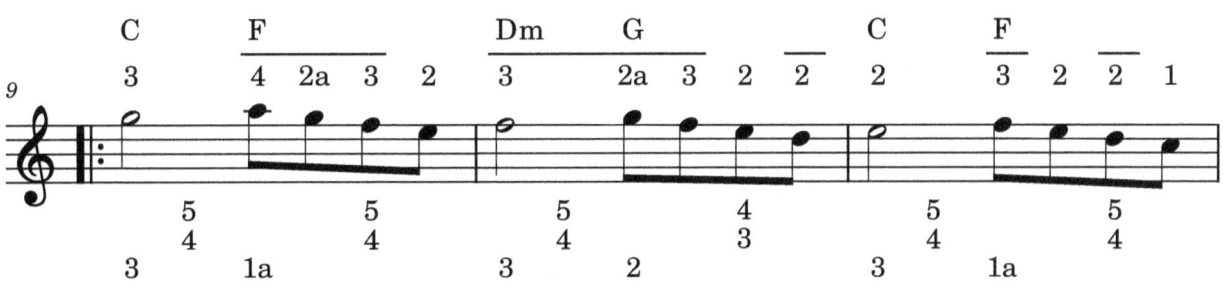
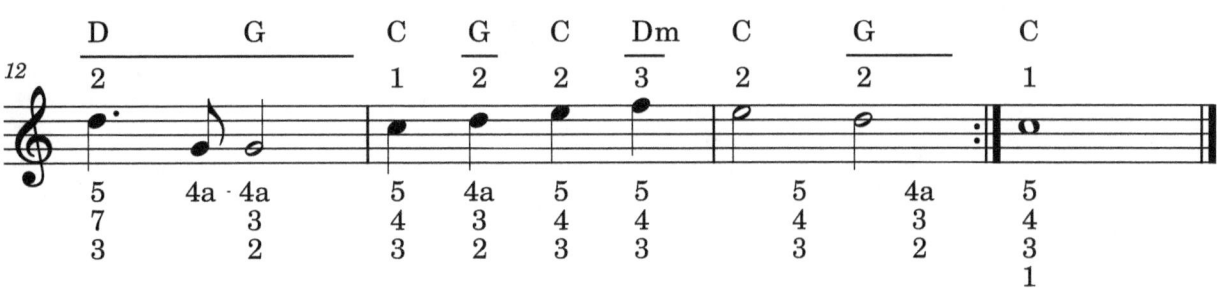

Lulajże, Jezuniu

01.
Lulajże, Jezuniu, moja perełko,
lulaj ulubione me pieścidełko.
Lulajże, Jezuniu, lulajże, lulaj!
A Ty Go, Matulu w płaczu utulaj.

02.
Zamknijże znużone płaczem powieczki,
utulże zemdlone łkaniem usteczki.
Lulajże, Jezuniu, lulajże, lulaj!
A Ty Go, Matulu, w płaczu utulaj.

03.
Dam ja Jezusowi słodkich jagódek,
pójdę z Nim w Mamuli serca ogródek.
Lulajże, Jezuniu...

04.
Dam ja Jezusowi z chlebem masełka,
włożę ja kukiełkę w Jego jasełka.
Lulajże, Jezuniu...

05.
Lulajże, piękniuchny mój aniołeczku,
Lulajże, wdzięczniuchny świata kwiateczku.
Lulajże, Jezuniu...

06.
Lulajże, różyczko najozdobniejsza,
Lulajże, lilijko najprzyjemniejsza.
Lulajże, Jezuniu...

07.
Dam ja ci słodkiego, Jezu, cukierku,
rodzynków, migdałów, co mam w pudełku.
Lulajże, Jezuniu...

08.
Lulajże, przyjemna oczom gwiazdeczko,
lulajże, najczystsze świata słoneczko.
Lulajże, Jezuniu...

09.
Dam ja, Maleńkiemu, piękne jabłuszko,
Matki ukochanej dam Mu serduszko.
Lulajże, Jezuniu...

10.
Cyt, cyt, cyt, zasypia małe Dzieciątko,
oto już zasnęło niby kurczątko.
Lulajże, Jezuniu...

11.
Cyt, cyt, cyt, wszyscy się spać zabierajcie,
mojego Dzieciątka nie przebudzajcie.
Lulajże, Jezuniu...

Lulajże, Jezuniu

Buttons played

Aus Polen
from Poland

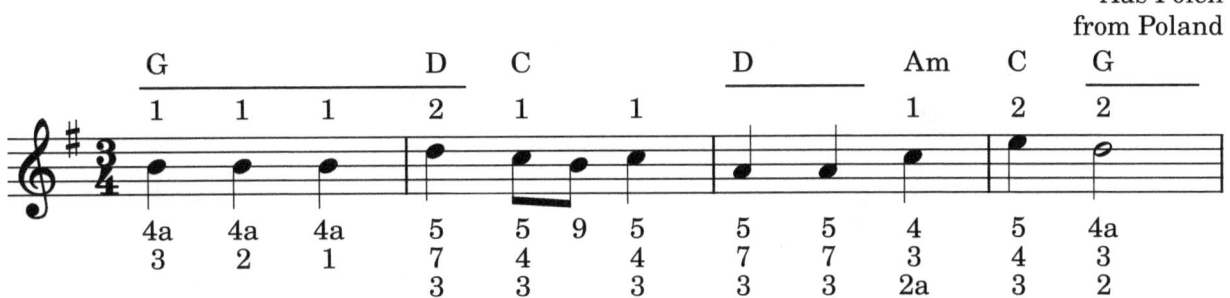
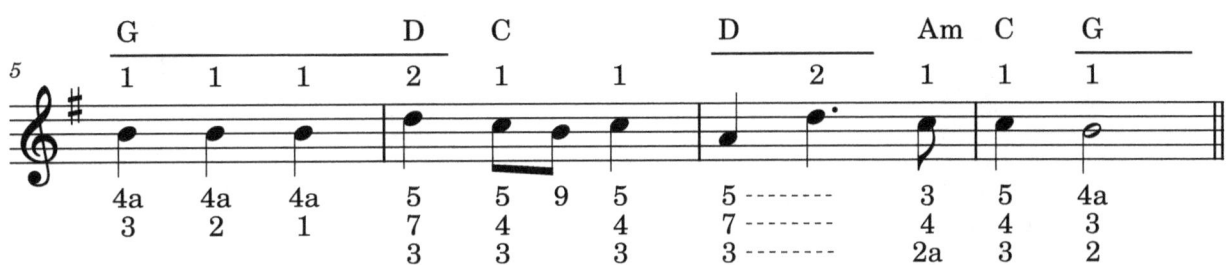

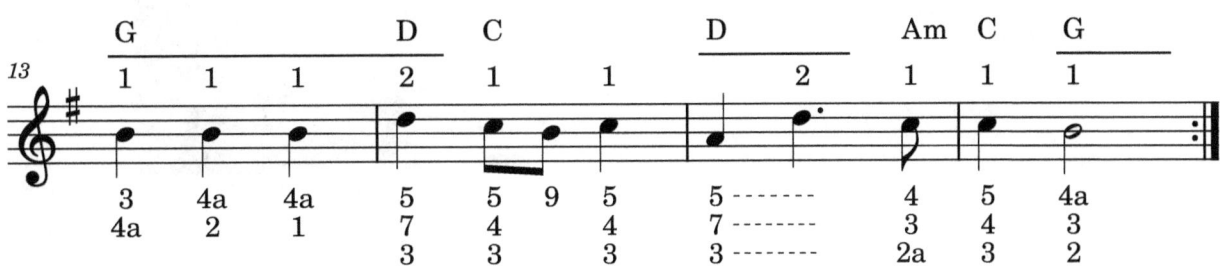

Macht hoch die Tür

01.
Macht hoch die Tür, die Tor macht weit;
es kommt der Herr der Herrlichkeit,
ein König aller Königreich,
ein Heiland aller Welt zugleich,
der Heil und Leben mit sich bringt;
derhalben jauchzt, mit Freuden singt:
Gelobet sei mein Gott,
mein Schöpfer reich von Rat.

02.
Er ist gerecht, ein Helfer wert;
Sanftmütigkeit ist sein Gefährt,
sein Königskron ist Heiligkeit,
sein Zepter ist Barmherzigkeit;
all unsre Not zum End er bringt,
derhalben jauchzt, mit Freuden singt:
Gelobet sei mein Gott,
mein Heiland groß von Tat.

03.
O wohl dem Land, o wohl der Stadt,
so diesen König bei sich hat.
Wohl allen Herzen insgemein,
da dieser König ziehet ein.
Er ist die rechte Freudensonn,
bringt mit sich lauter Freud und Wonn.
Gelobet sei mein Gott,
mein Tröster früh und spat.

04.
Macht hoch die Tür, die Tor macht weit,
eu'r Herz zum Tempel zubereit'.
Die Zweiglein der Gottseligkeit
steckt auf mit Andacht, Lust und Freud;
so kommt der König auch zu euch,
ja, Heil und Leben mit zugleich.
Gelobet sei mein Gott,
voll Rat, voll Tat, voll Gnad.

05.
Komm, o mein Heiland Jesu Christ,
meins Herzens Tür dir offen ist.
Ach zieh mit deiner Gnade ein;
dein Freundlichkeit auch uns erschein.
Dein Heilger Geist uns führ und leit
den Weg zur ewgen Seligkeit.
Dem Namen dein, o Herr,
sei ewig Preis und Ehr.

Macht hoch die Tür

Buttons played

aus Halle 1704
from Halle 1704

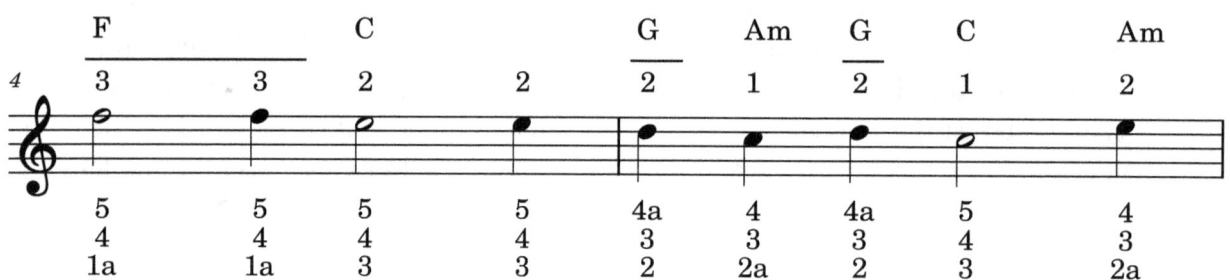
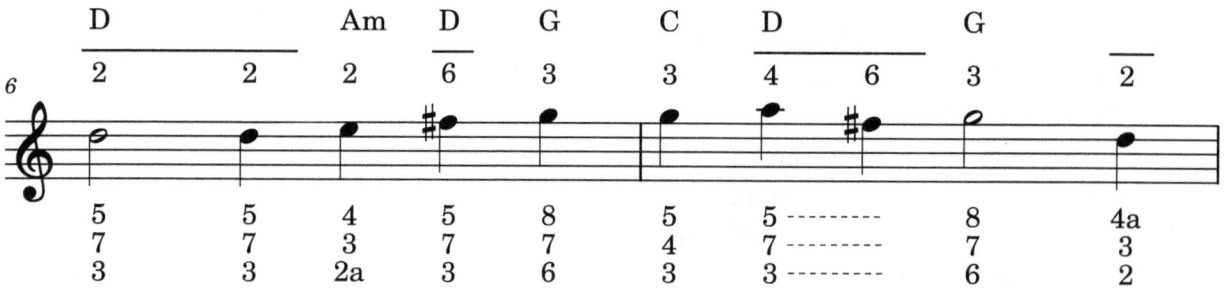
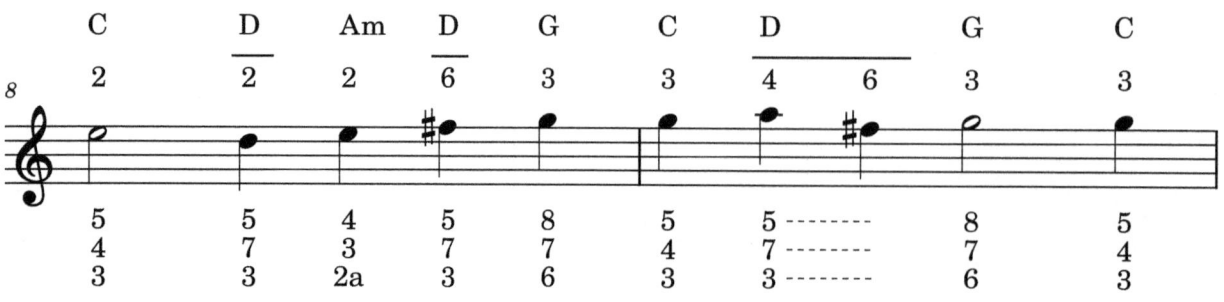

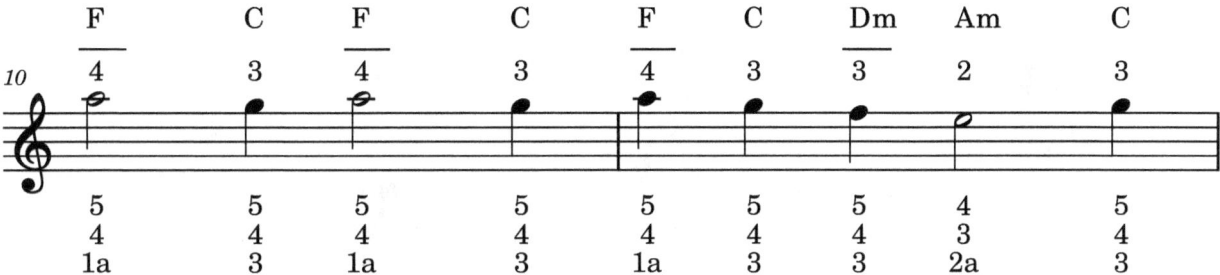
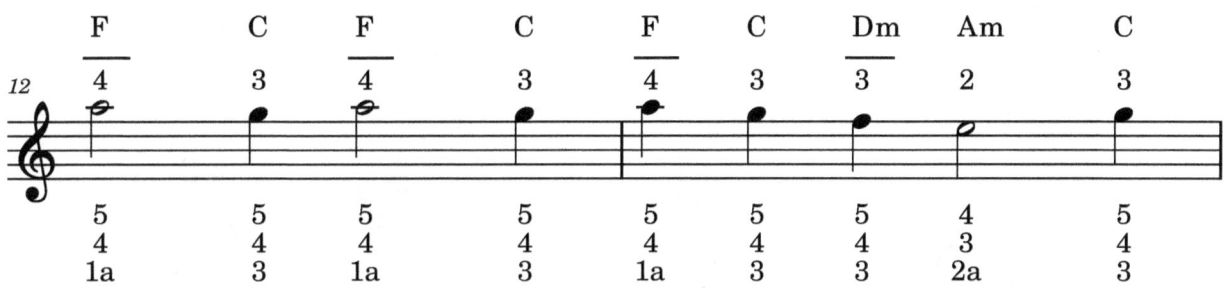
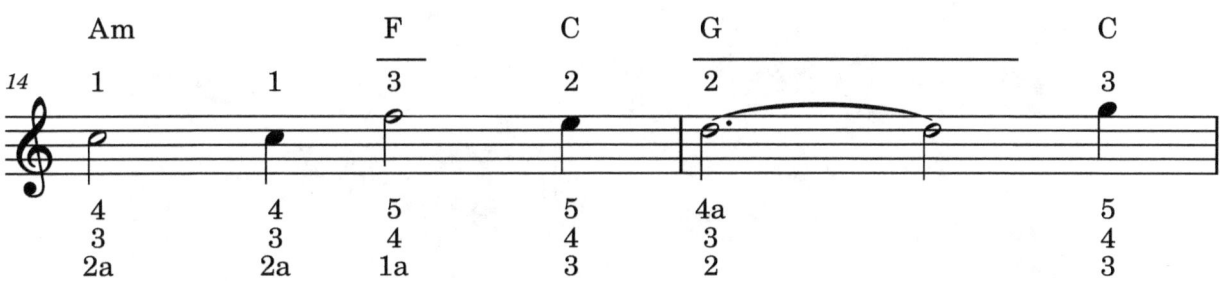
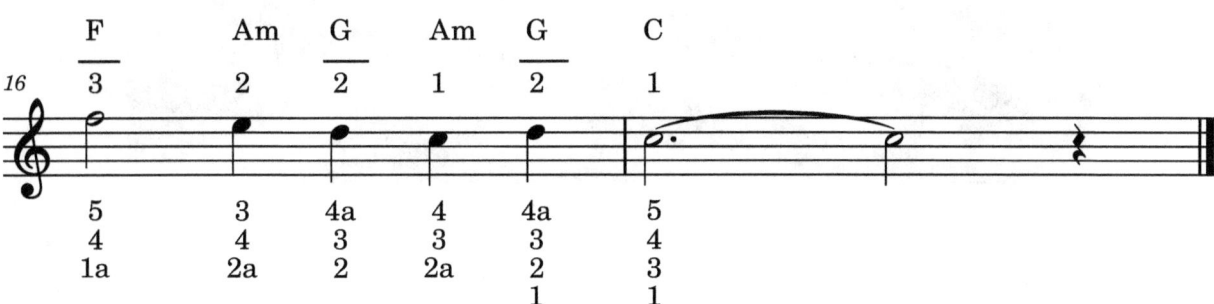

Maria durch ein Dornwald ging

01.
Maria durch ein Dornwald ging. Kyrie eleison!
Maria durch ein Dornwald ging, der hat in sieben Jahrn kein
Laub getragen! Jesus und Maria.

02.
Was trug Maria unter ihrem Herzen? Kyrie eleison!
Ein kleines Kindlein ohne Schmerzen, das trug Maria unter
ihrem Herzen. Jesus und Maria.

03.
Da haben die Dornen Rosen getragen; Kyrie eleison!
Als das Kindlein durch den Wald getragen, da haben die Dornen
Rosen getragen! Jesus und Maria.

04.
Wie soll dem Kind sein Name sein? Kyrieleison!
Der Name, der soll Christus sein, das war von Anfang
der Name sein! Jesus und Maria.

05.
Wer soll dem Kind sein Täufer sein? Kyrieleison!
Das soll der Sankt Johannes sein, der soll dem Kind
sein Täufer sein! Jesus und Maria.

06.
Was kriegt das Kind zum Patengeld? Kyrieleison!
Den Himmel und die ganze Welt, das kriegt das Kind
zum Patengeld! Jesus und Maria.

07.
Wer hat erlöst die Welt allein? Kyrieleison.
Das hat getan das Christkindlein, das hat erlöst die
Welt allein! Jesus und Maria.

Maria durch ein Dornwald ging

Buttons played

aus Deutschland
from Germany
um 1600

Maria durch ein Dornwald ging

Buttons played

aus Deutschland
from Germany
um 1600

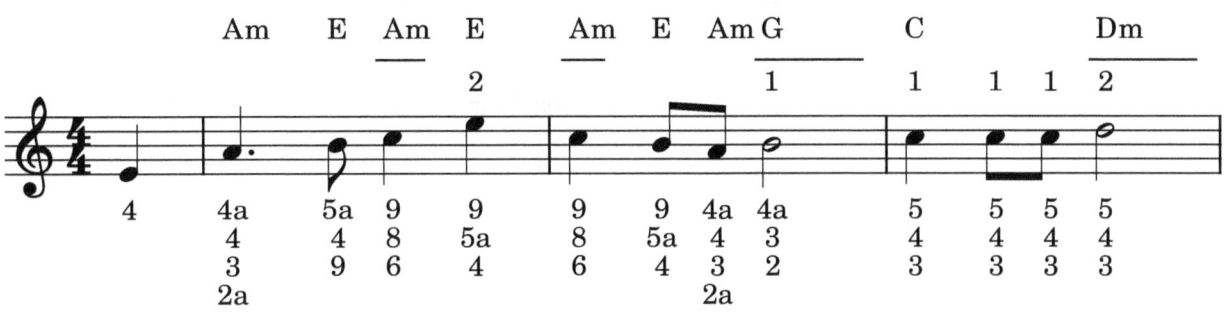

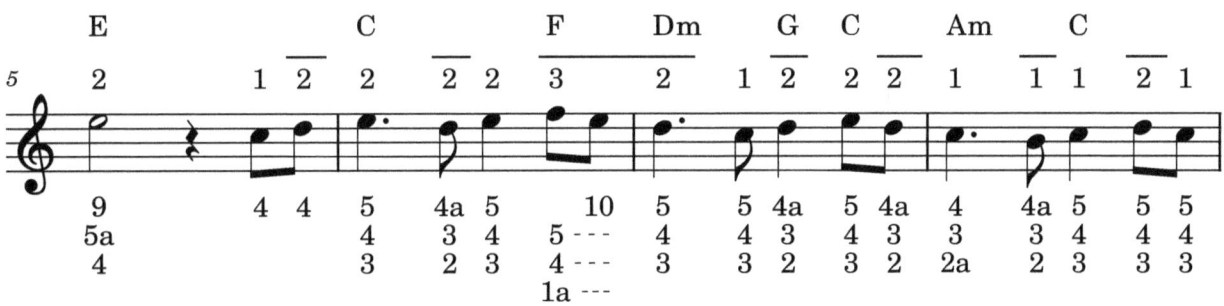

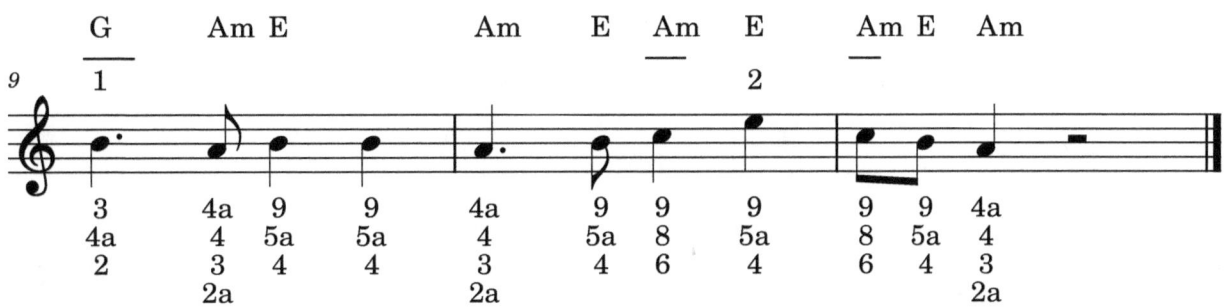

Mennyböl az angyal

01.
Mennyből az angyal eljött hozzátok, pásztorok, pásztorok!
Hogy Betlehembe sietve menvén lássátok, lássátok.

02.
Istennek Fia, aki született jászolban, jászolban,
Ő leszen néktek üdvözítőtök valóban, valóban.

03.
Mellette vagyon az édesanyja, Mária, Mária,
Barmok közt fekszik, jászolban nyugszik szent Fia, szent Fia.

Mennyböl az angyal

Buttons played

aus Ungarn
from Hungary

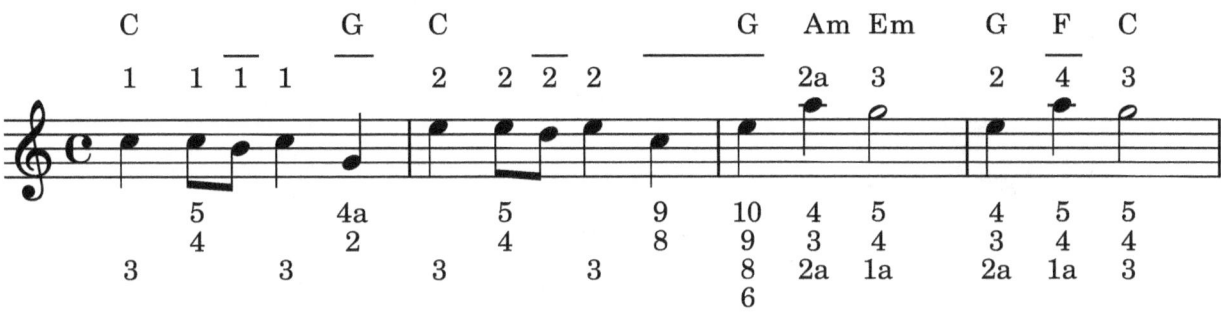

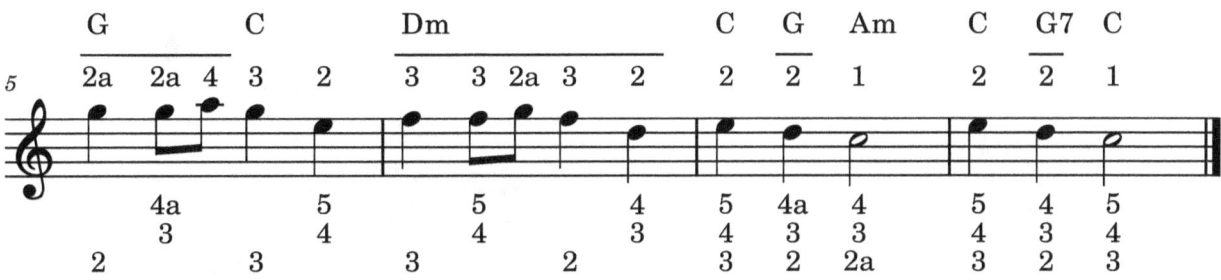

Morgen, Kinder, wird's was geben

01.
Morgen, Kinder, wird's was geben,
Morgen werden wir uns freun;
Welch ein Jubel, welch ein Leben
Wird in unserm Hause sein!
Einmal werden wir noch wach,
Heißa, dann ist Weihnachtstag!

02.
Wie wird dann die Stube glänzen
Von der großen Lichterzahl,
Schöner als bei frohen Tänzen
Ein geputzter Kronensaal!
Wißt ihr noch vom vorgen Jahr,
Wie's am Weihnachtsabend war?

03.
Wißt ihr noch mein Reiterpferdchen,
Malchens nette Schäferin?
Jettchens Küche mit dem Herdchen
Und dem blank geputzten Zinn?
Heinrichs bunten Harlekin
Mit der gelben Violin?

04.
Wißt ihr noch den großen Wagen
und die schöne Jagd von Blei?
Unsre Kleiderchen zum Tragen
Und die viele Näscherei?
Meinen fleißgen Sägemann
mit der Kugel untendran?

05.
Welch ein schöner Tag ist morgen,
Viele Freuden hoffen wir!
Unsre lieben Eltern sorgen
Lange, lange schon dafür.
O gewiß, wer sie nicht ehrt,
Ist der ganzen Lust nicht wert!

Morgen, Kinder wird's was geben

Buttons played

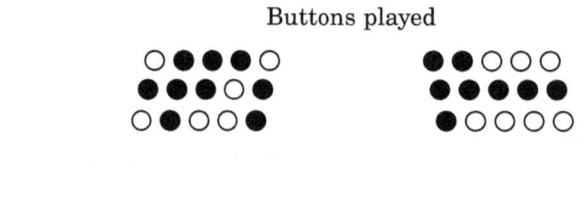

aus Deutschland
from Germany
Carl G. Hering (1766-1853)

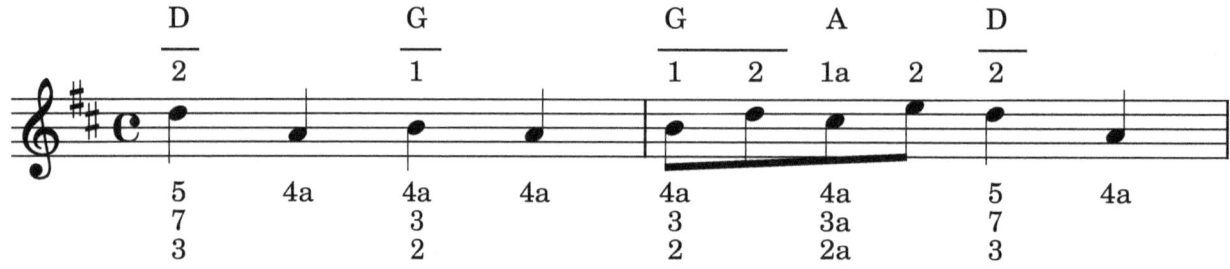

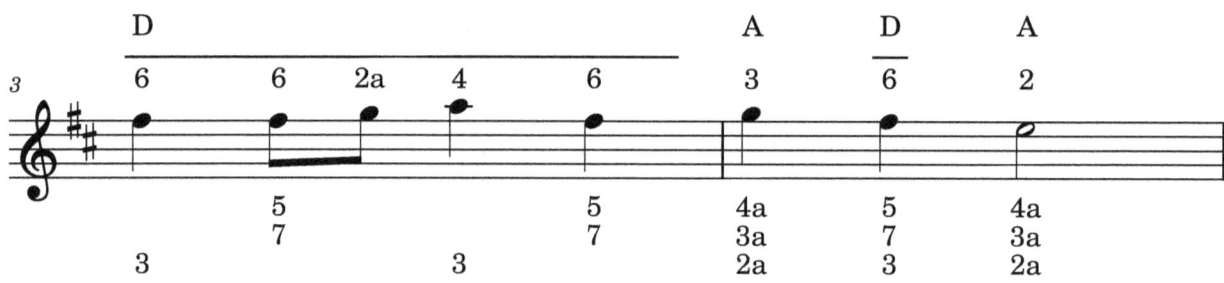

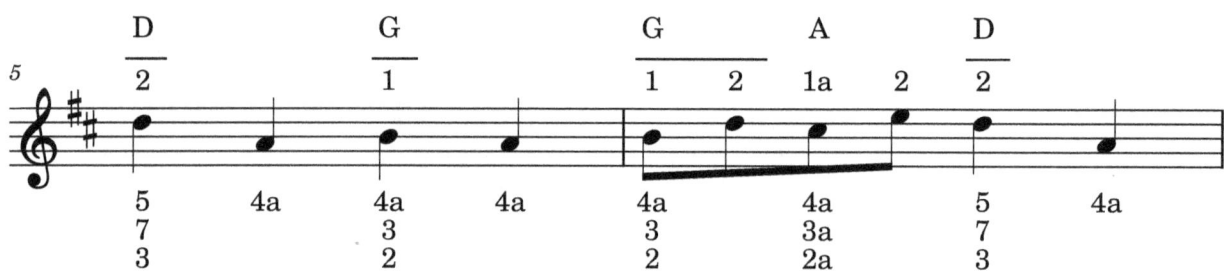

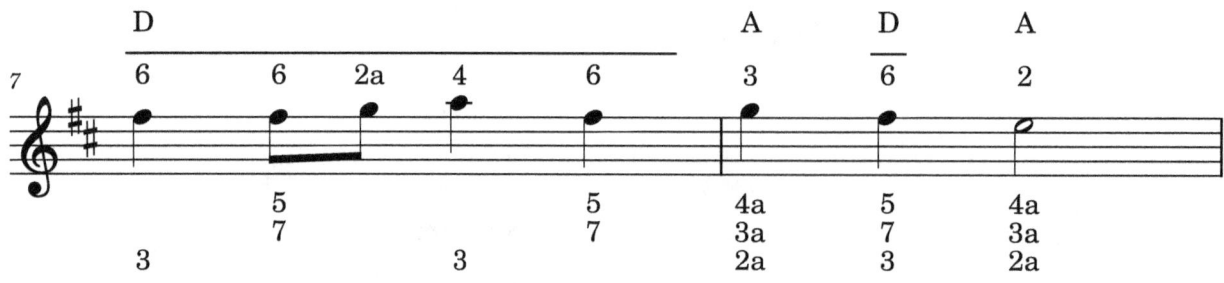

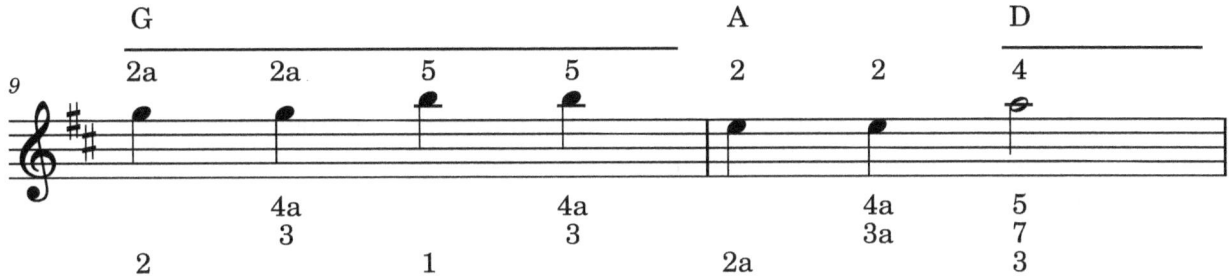
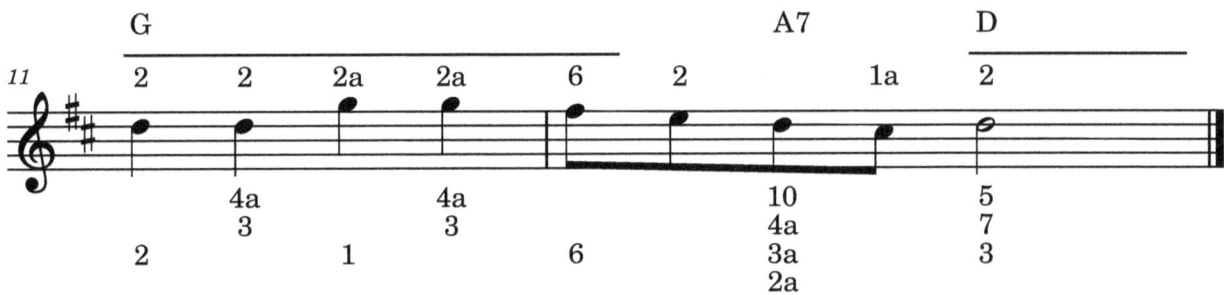

Morgen kommt der Weihnachtsmann

01.
Morgen kommt der Weihnachtsmann, kommt mit seinen Gaben.
Bunte Lichter, Silberzier, Kind mit Krippe, Schaf und Stier,
Zottelbär und Pantertier, möcht' ich gerne haben.

02.
Bring uns, lieber Weihnachtsmann, bring auch morgen, bringe
eine schöne Eisenbahn, Bauernhof mit Huhn und Hahn,
einen Pfefferkuchenmann, lauter schöne Dinge.

03.
Doch du weiss ja unsern Wunsch, kennst ja unsre Herzen.
Kinder, Vater und Mama, auch sogar der Grosspapa,
alle, alle sind wir da, warten dein mit Schmerzen.

Morgen kommt der Weihnachtsmann

Buttons played

aus Frankreich/Deutschland
from France/Germany
Dezède (1740-1792)
Hoffman von Fallersleben (1798-1874)

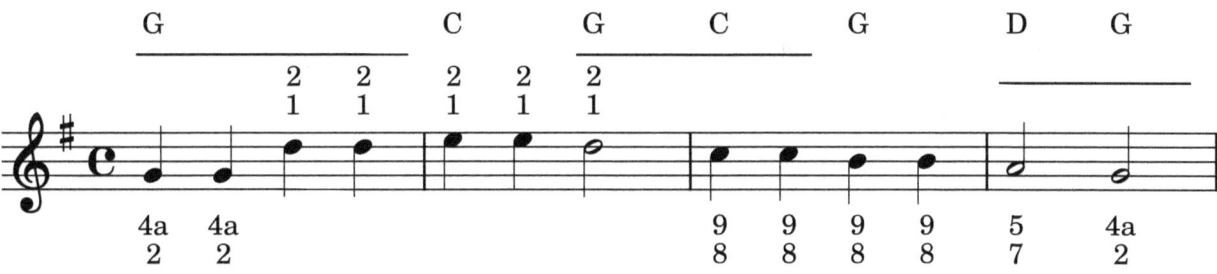

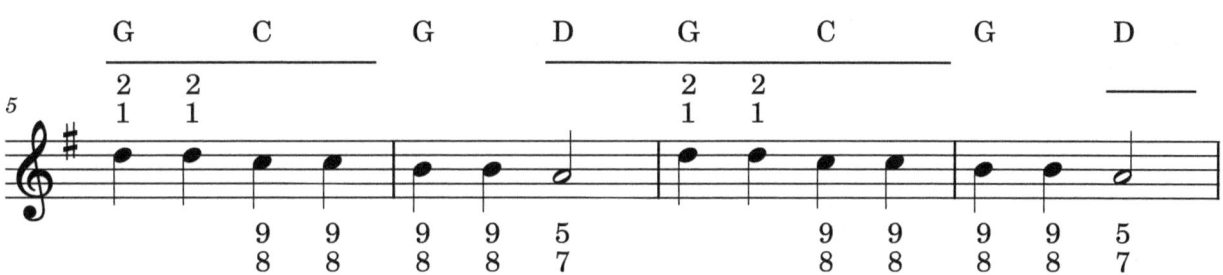

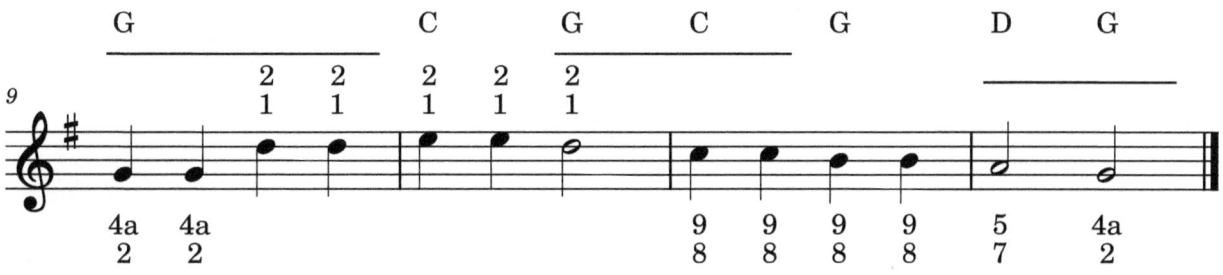

När det lider mot jul

01.
Det strålar en stjärna för underligt blid
I öster på himlen hon står
Hon lyst över världenes oro och strid
I nära två tusenda år
När dagen blir mörk och när snön faller vit
Då skrider hon närmre, då kommer hon hit
Och då vet man att snart är det jul

02.
Ty julen är härlig för stora och små
Är glädje och ljuvaste frid
Är klappar och julgran och ringdans också
Är lycka oändligen blid
Är ljust, allas ögon då stråla som bäst
Och stjärnorna tindra som mest
Och där ljuset är, där är det jul

När det lider mot jul

Buttons played

aus Schweden
from Sweden
Ruben Liliefors (1871-1936)

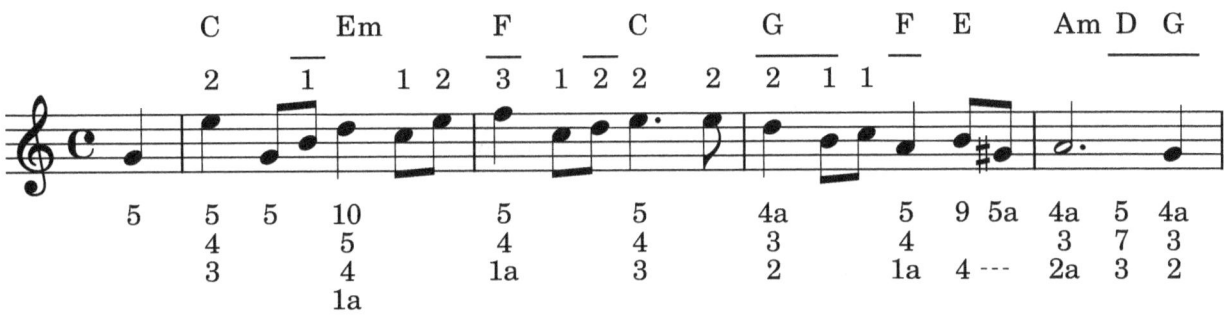

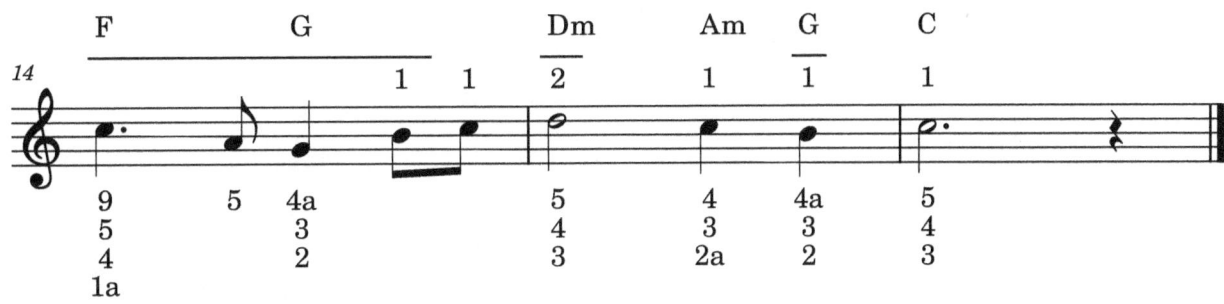

När juldagsmorgon glimmar

01.
När juldagsmorgon glimmar, jag vill till stallet gå,
där Gud i nattens timmar re'n vilar uppå strå,
där Gud i nattens timmar re'n vilar uppå strå.

02.
Hur god du var som ville till jorden komma ner!
Nu ej i synd jag spille min barndoms dagar mer!
Nu ej i synd jag spille min barndoms dagar mer!

03.
Dig, Jesu, vi behöva, du käre barnavän.
Jag vill ej mer bedröva med synder dig igen.
Jag vill ej mer bedröva med synder dig igen.

När juldagsmorgon glimmar

Buttons played

aus Schweden
from Sweden

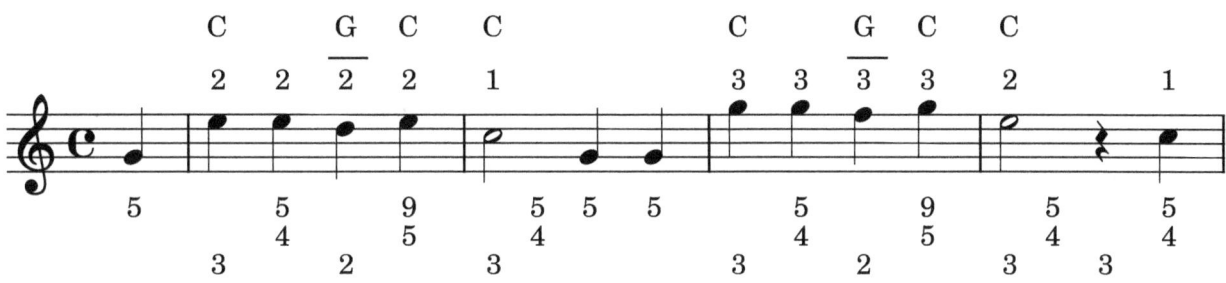

Nesta noite de Natal

Nesta noite de Natal Ninguém dorme no colchão:
visitar o Deus Menino É a nossa obrigação.
Essa cousa que chamo prapanhola que chama prapanhola.
Nesta noite de Natal Ninguém dorme no colchão:

Nesta noite de Natal

aus Brasilien
from Brazil

Noi siamo i tre re

01.
Noi siamo i tre re, oi siamo i tre re;
venuti dall' Oriente, per adorar Gesù.
Un re superiore, di tutti il maggiore,
di quanti al mondo ne furon giammai!

02.
Ei fù che ci chiamò, ei fù che ci chiamò,
mandando la stella che ci conduce qui:
Dov' è il Bambinello, vezzoso e bello?
In braccio a Maria che madre è di Lui!

03.
Perciò abbiam portato incenso
all' odorato e mirra ed oro in dono al
Re divin: d'incenso l'odore ne tolga
il fetore di stalla immonda in cui troviam Gesù!

04.
Quell' or che portiam, quell' or che portiam,
soccorra, o Maria, la vostra povertà.
E questa mirra poi e questa mirra poi
c'insegna del Bambino la vera umanità!

05.
Or noi ce n'andiam, or noi ce n'andiam,
ai nostri paesi, da cui venuti siam.
Ma qui ci resta il cuore, in braccio al Signore,
in braccio al Bambino, al Bambinel Gesù

Noi siamo i tre re

Buttons played

aus Italien / Schweiz
from Italy/Switzerland
Joseph Bovet (1879-1951)

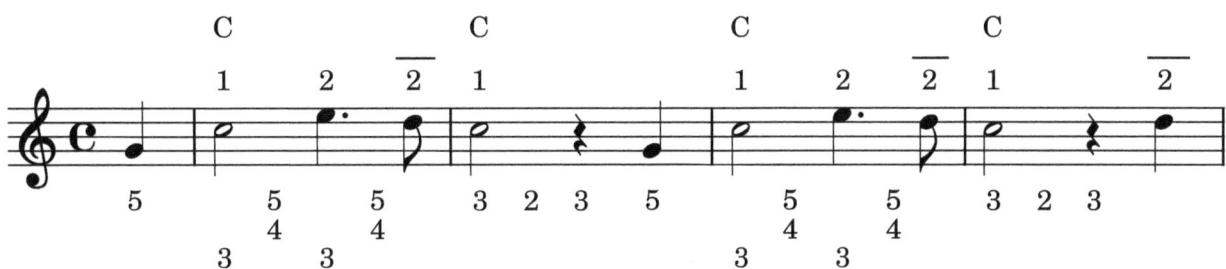
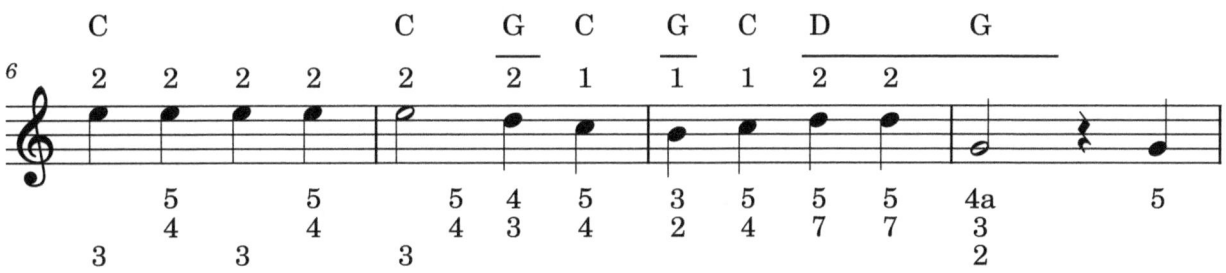
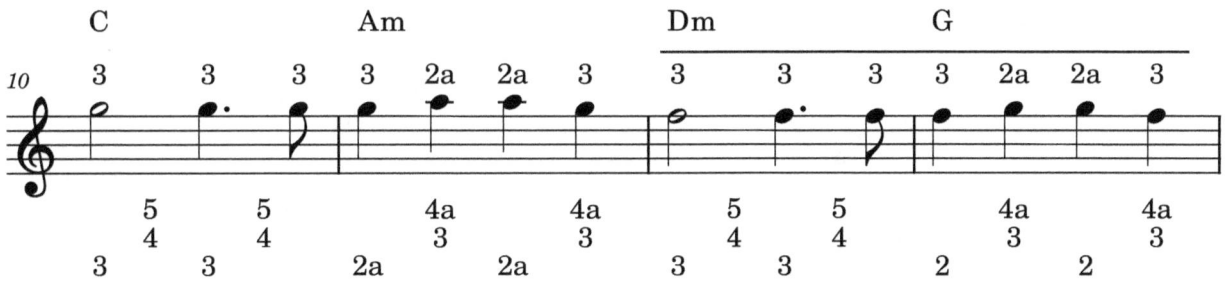
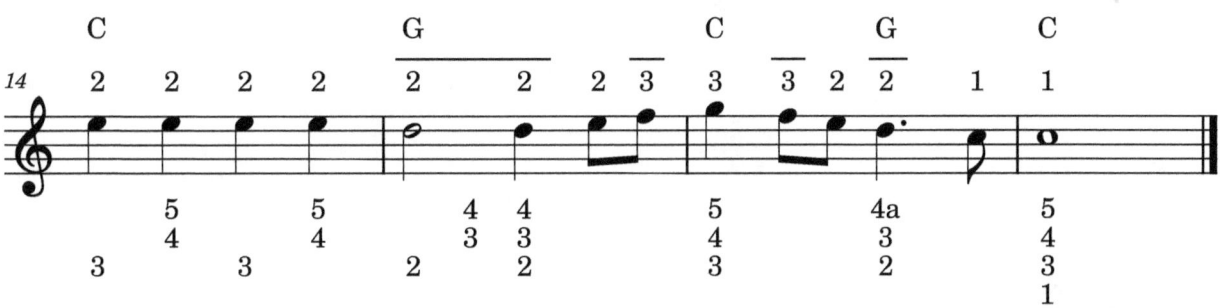

Nu är det jul igen

01.
Nu är det jul igen
och nu är det jul igen
och julen varar väl till påska.
Nu är det jul igen
och nu är det jul igen
och julen varar väl till påska.

02.
Det var inte sant
och det var inte sant,
för där emellan kommer fasta.
Det var inte sant
och det var inte sant,
för där emellan kommer fasta.

Nu är det jul igen

Buttons played

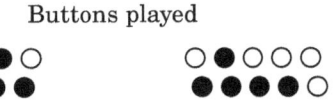

aus Schweden
from Sweden

O du fröhliche

01.
O du fröhliche, o du selige,
gnadenbringende Weihnachtszeit!
Welt ging verloren, Christ ist geboren:
Freue, freue dich, o Christenheit!

02.
O du fröhliche, o du selige,
gnadenbringende Weihnachtszeit!
Christ ist erschienen, uns zu versühnen:
Freue, freue dich, o Christenheit!

03.
O du fröhliche, o du selige,
gnadenbringende Weihnachtszeit!
Himmlische Heere jauchzen Dir Ehre:
Freue, freue dich, o Christenheit!

O du fröhliche

Buttons played

aus Sizilien
from Sicily

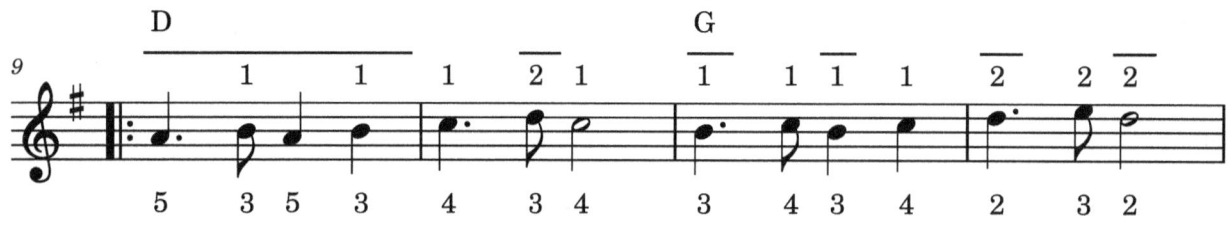

O du fröhliche

Buttons played

aus Sizilien
from Sicily

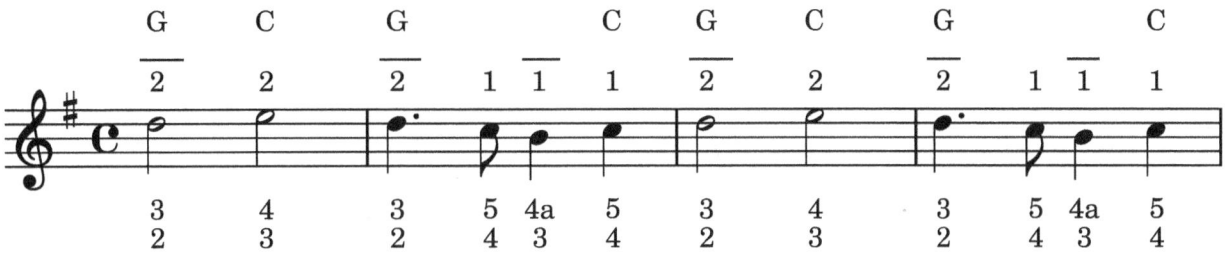
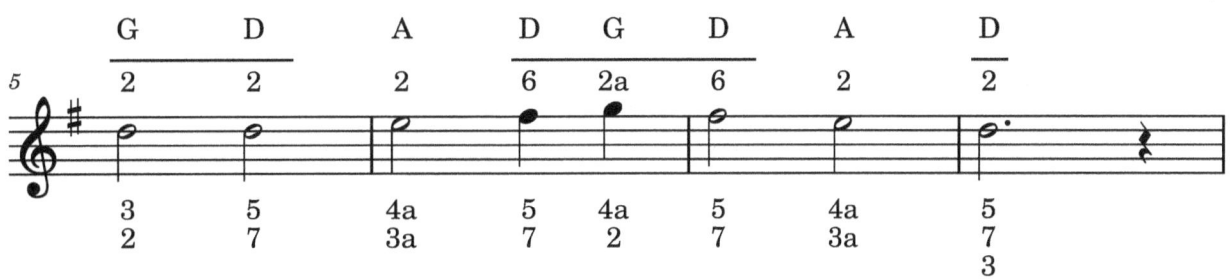
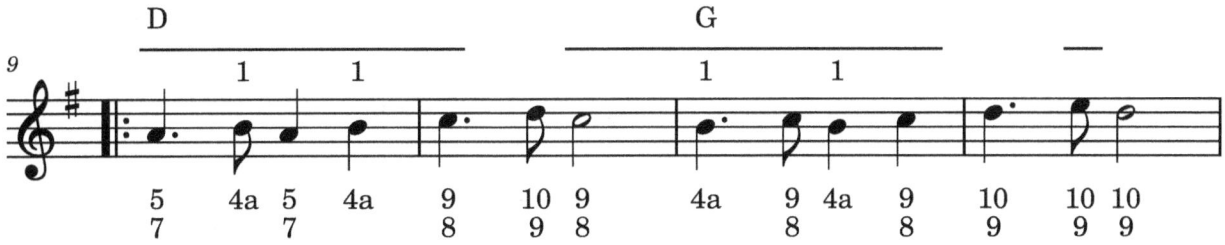
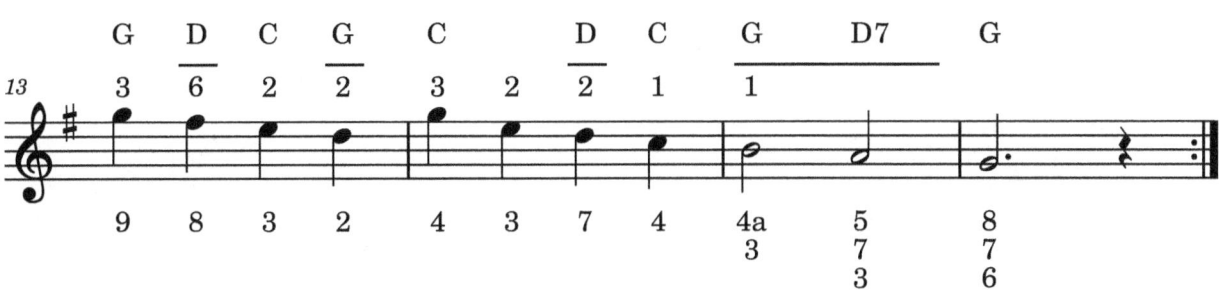

O laufet ihr Hirten

01.
O laufet ihr Hirten, lauft alle zugleich!
Nehmet Schalmeien und Pfeifen mit euch!
Lauft alle zumal mit freudigem Schall
auf Bethlehem zum Kripplein, zum Kripplein im Stall!

02.
Ein Kindlein ist g'sehn wie ein Engel so schön,
dabei auch ein alter Vater tut stehn;
ein Jungfrau schön zart nach englischer Art:
es hat mich erbarmet ganz inniglich hart.

03.
Wenn ich nur hätte mein Häuslein dahier,
das dorten im Tale alleine tut stehn,
wie war ich so froh, blieb alleweil do,
ein Essen wollt kochen und warten schon auf.

04.
Was kann ich dem Kindlein verehren zur Gab?
Ein Lämmlein und alles, was ich nur hab,
ein Windlein dazu, gilts auch schon mein Bu,
damit man das Kindlein fein decken kann zu.

05.
Mein Nachbar, lauf hurtig, brings Wieglein daher,
wills Kindlein reinlegen, es zittert so sehr.
Hei, hei, popei! Liebes Kindel, schlaf ei!
Im Krippel, zartes Jesulein, hei, hei, popei!

O laufet ihr Hirten

Buttons played

aus Schlesien (Preussen)
from Silesia

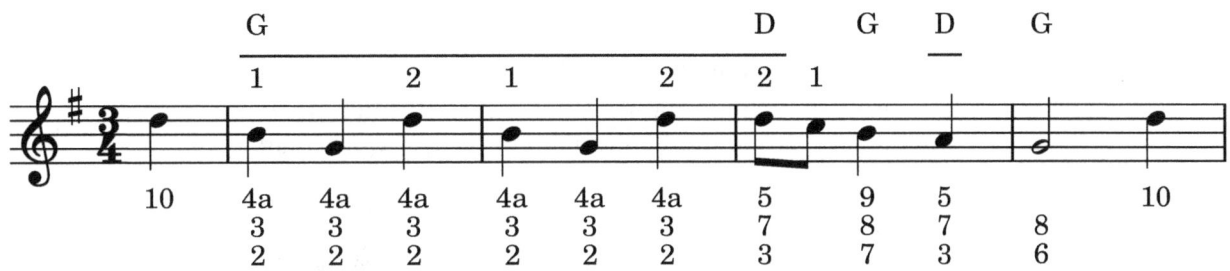
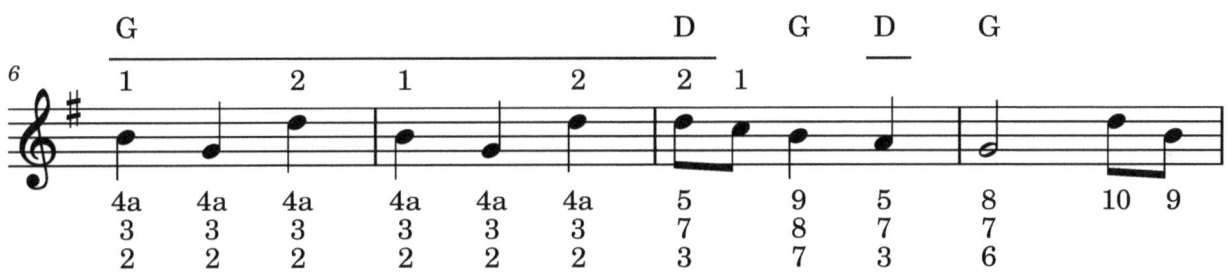
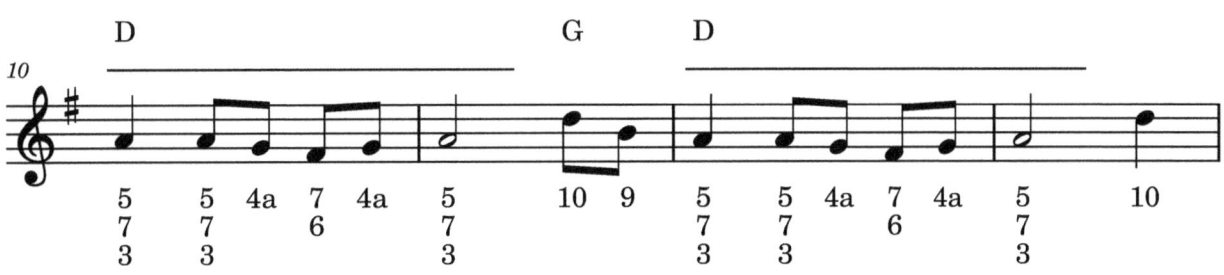
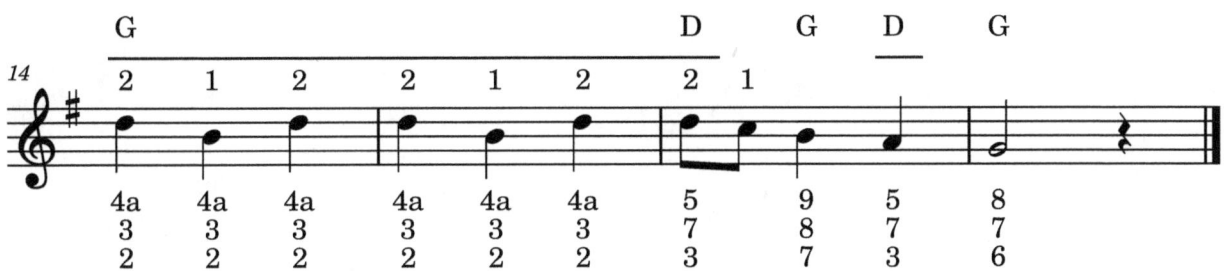

O Tannenbaum

01.
O Tannenbaum, o Tannenbaum, wie grün sind deine Blätter!
Du grünst nicht nur zur Sommerzeit, Nein, auch im Winter, wenn es schneit.
O Tannenbaum, o Tannenbaum, Wie grün sind deine Blätter!

02.
O Tannenbaum, o Tannenbaum, Du kannst mir sehr gefallen!
Wie oft hat schon zur Winterszeit Ein Baum von dir mich hoch erfreut!
O Tannenbaum, o Tannenbaum, Du kannst mir sehr gefallen!

03.
O Tannenbaum, o Tannenbaum, Dein Kleid will mich was lehren:
Die Hoffnung und Beständigkeit Gibt Mut und Kraft zu jeder Zeit!
O Tannenbaum, o Tannenbaum, Dein Kleid will mich was lehren!

O Tannenbaum

Buttons played

German, 16th century

Pásli ovce Valaši

01.
Pásli ovce valaši pri Betlemském salaši.
Hajdom hajdom tydlidom, hajdom hajdom tydlidom:

02.
Anděl se jim ukázal, do Betléma jít kázal.
Hajdom hajdom tydlidom, hajdom hajdom tydlidom:

03.
Běžte lidé, pospěšte, Ježíška tam najdete.
Hajdom hajdom tydlidom, hajdom hajdom tydlidom:

04.
On tam leží v jesličkách, zavinutý v plenčičkách.
Hajdom hajdom tydlidom, hajdom hajdom tydlidom:

05.
Maria ho kolébá, svatý Josef mu zpěvá.
Hajdom hajdom tydlidom, hajdom hajdom tydlidom:

Pásli ovce valaši

Buttons played

aus Mähren
from North Moravia / Czech Republic
before 1900

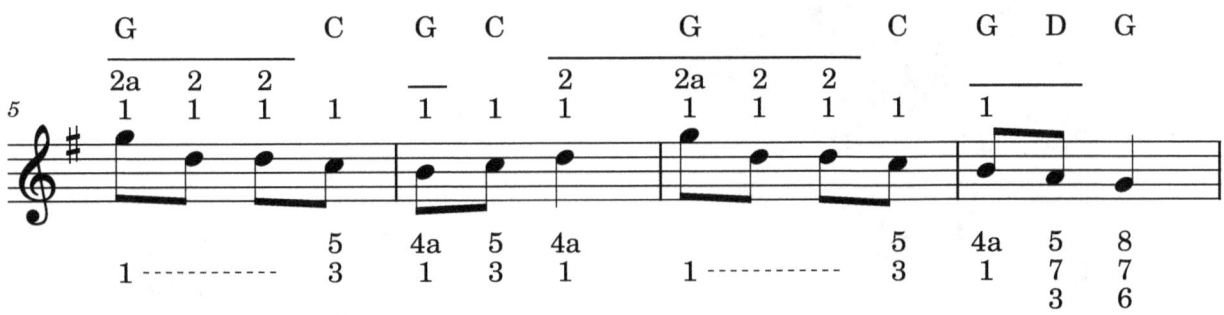

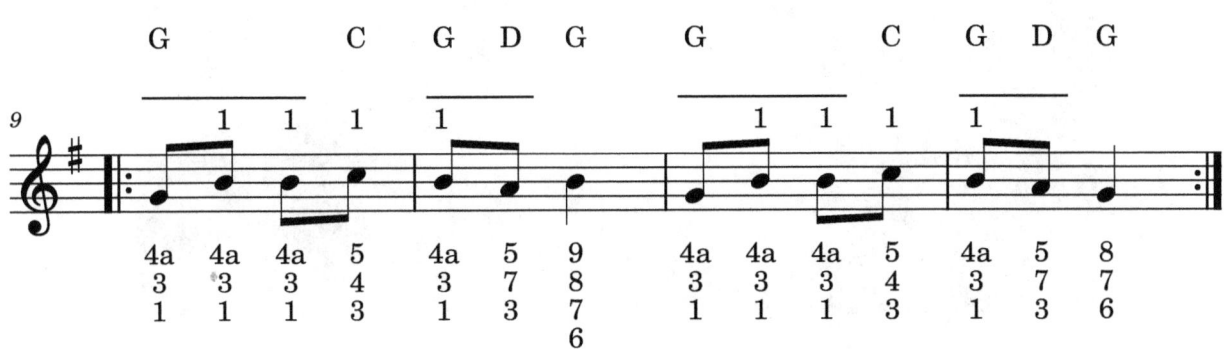

Quando nascette Ninno

01.
Quando nascette Ninno a Bettelemme,
era notte e parea mmiezo juorno!
Maje le stelle Lustere e belle sevedettero accussi!
La chiù lucente jette a chiammà li Magi in Oriente.

02.
Non cerano nemice ppe la terra,
la pecora pascea co lo lione,
co le crapette se vedette lo liopardo pazzià:
L'urzo e o vitiello, e co lo lupo 'npace u pecoriello.

03.
Guardavano le pecore li pasture,
e l'angelo, sbrennente chiù de lu sole,
comparette, e le dicette: Nò ve spaventate, nò!
Contento e riso: La terra è arrenventata Paradiso!

Quando nascette Ninno

Buttons played

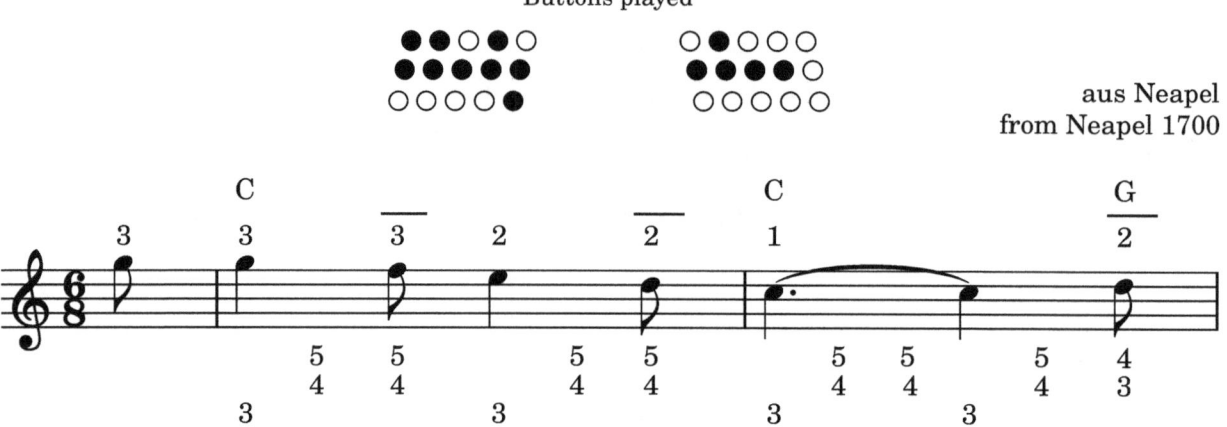

aus Neapel
from Neapel 1700

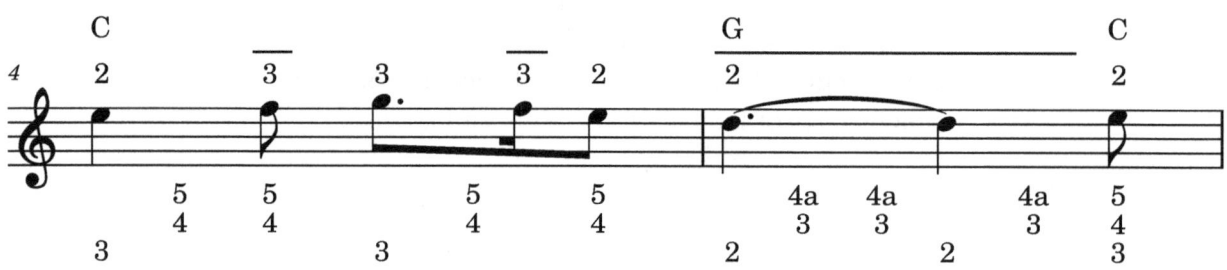

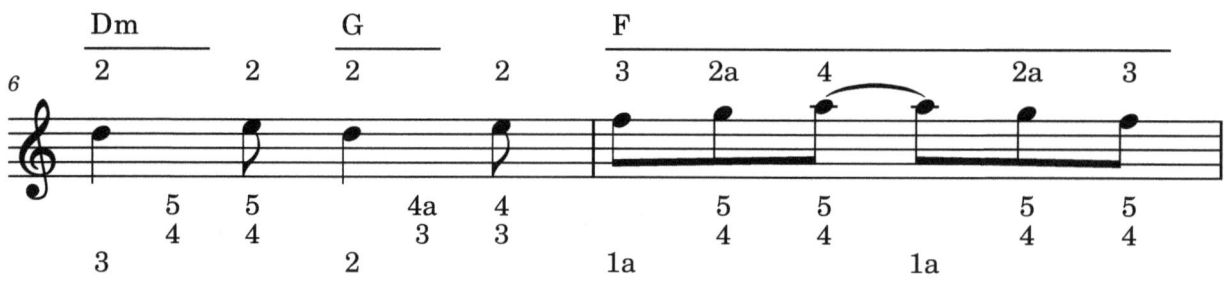

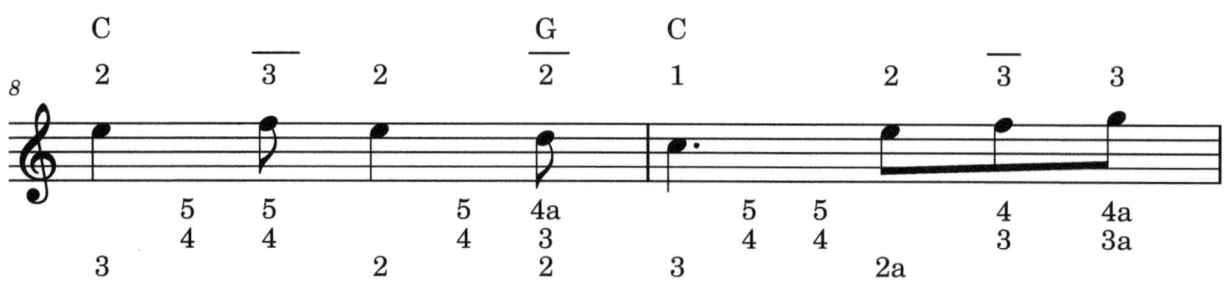

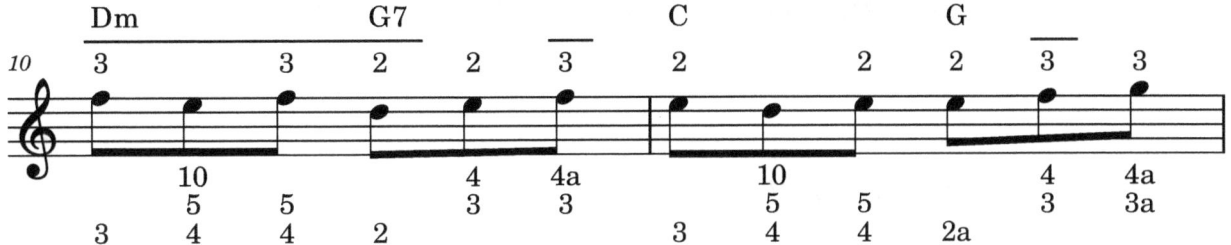
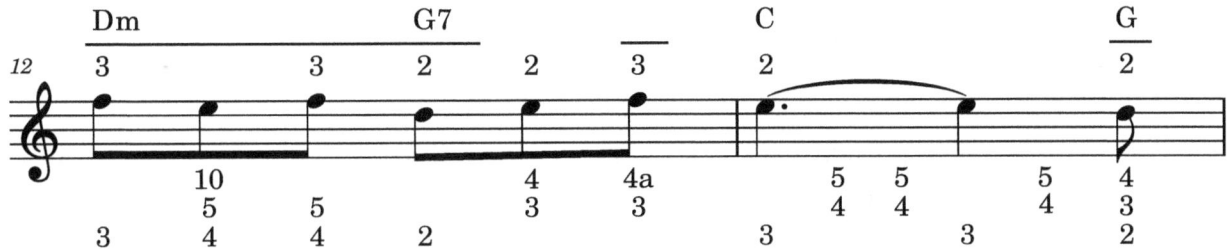
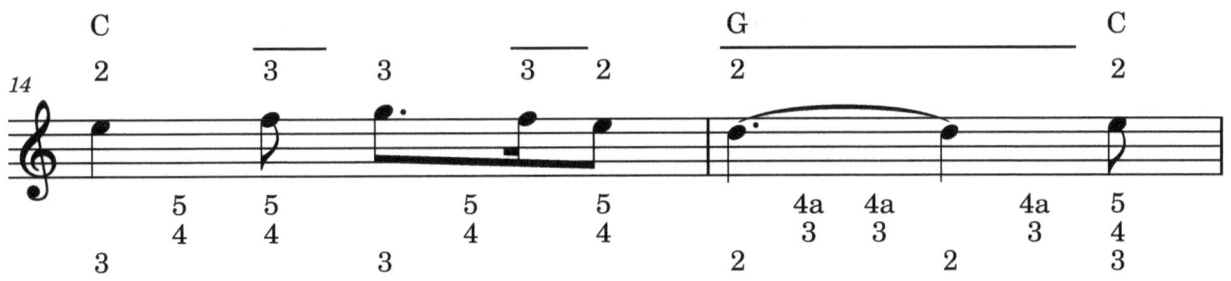
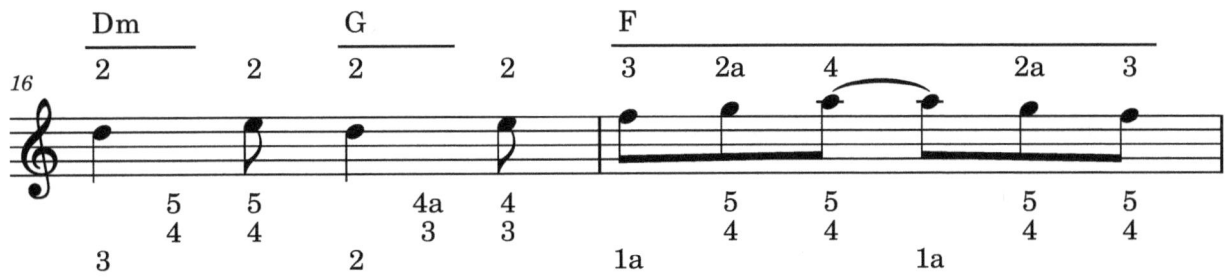
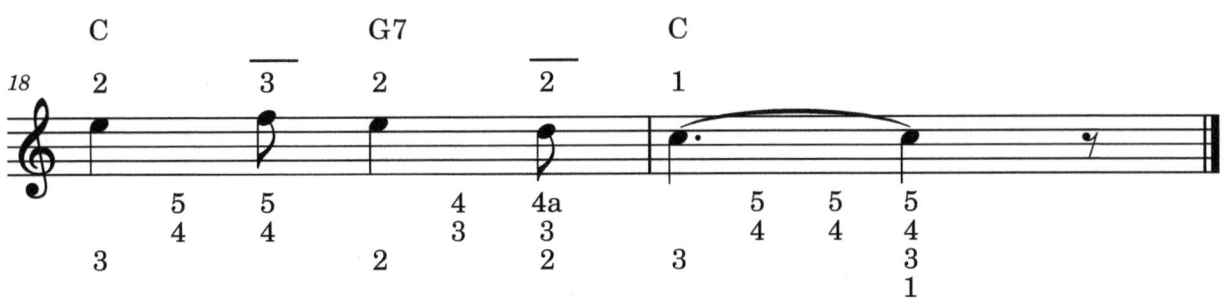

55 Christmas Songs From All Over The World

Schneeflöckchen, Weissröckchen

01.
Schneeflöckchen, Weissröckchen, wann kommst du geschneit?
du wohnst in den Wolken, dein Weg ist so weit.

02.
Komm setz dich ans Fenster, du lieblicher Stern,
malst Blumen und Blätter, wir haben dich gern.

03.
Schneeflöckchen, du deckst uns die Blümelein zu,
dann schlafen sie sicher in himmlischer Ruh.

04.
Schneeflöckchen, Weissröckchen, komm zu uns ins Tal,
dann bau'n wir den Schneemann und werfen den Ball.

Schneeflöckchen, Weissröckchen

aus Süd-Deutschland
from South Germany (before 1900)

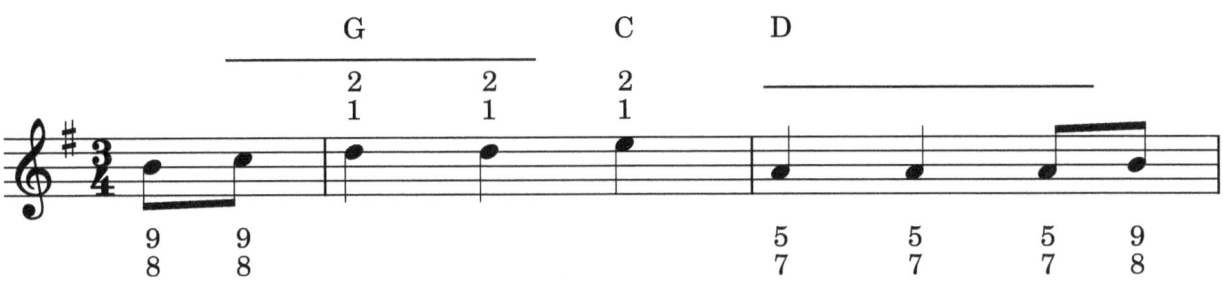
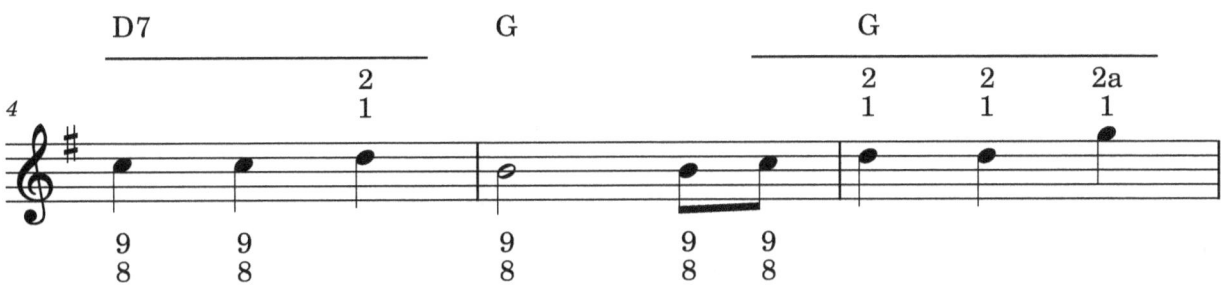
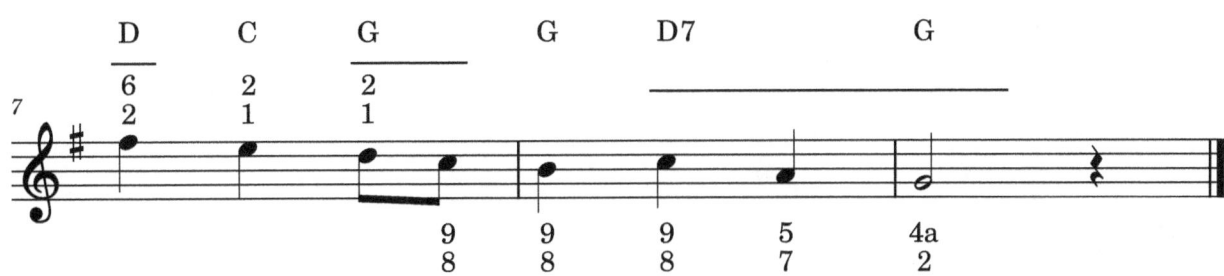

Still, still, still, weil's Kindlein schlafen will!

01.
Still, still, still, weil's Kindlein schlafen will!
Die Englein tun schön jubilieren, bei dem Kripplein musizieren.
Still, still, still, weil's Kindlein schlafen will.

02.
Schlaf, schlaf, schlaf, mein liebes Kindlein schlaf!
Maria tut dich niedersingen und ihr treues Herz darbringen.
Schlaf, schlaf, schlaf, mein liebes Kindlein schlaf!

03.
Groß, groß, groß, die Lieb' ist übergroß.
Gott hat den Himmelsthron verlassen und muss reisen auf der Straßen.
Groß, groß, groß, die Lieb' ist übergroß.

04.
Auf, auf, auf, ihr Adamskinder auf!
Fallet Jesum all zu Füßen, weil er für uns d'Sünd tut büßen!
Auf, auf, auf, ihr Adamskinder auf!

05.
Wir, wir, wir, wir rufen all zu dir:
Tu uns des Himmels Reich aufschließen, wenn wir einmal sterben müssen.
Wir, wir, wir, wir rufen all zu dir.

06.
Ruh't, ruh't, ruh't, weil's Kindlein schlafen tut.
Sankt Josef löscht das Lichtlein aus, die Englein schützen's kleine Haus.
Ruh't, ruh't, ruh't, weil's Kindlein schlafen tut.

Still, still, still, weil's Kindlein schlafen will!

Buttons played

aus dem Salzkammergut / Österreich
from Salzkammergut / Austria 1800

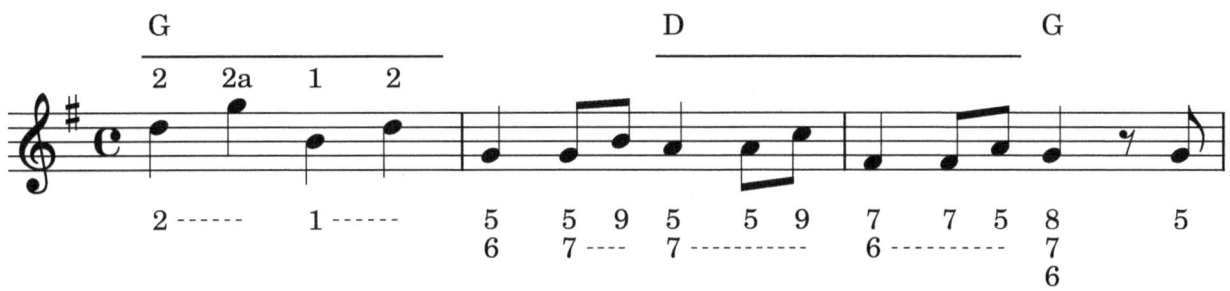
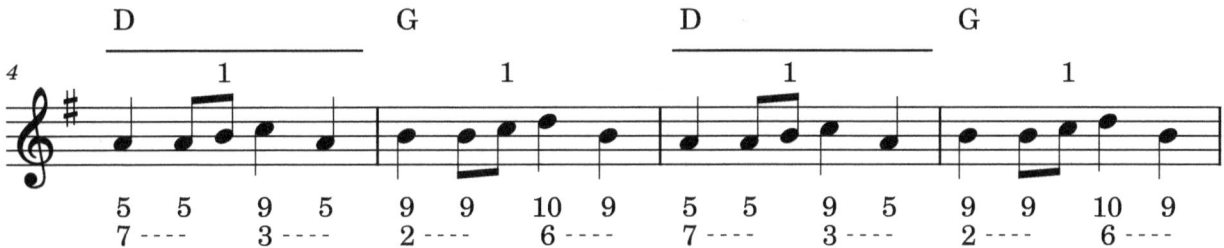
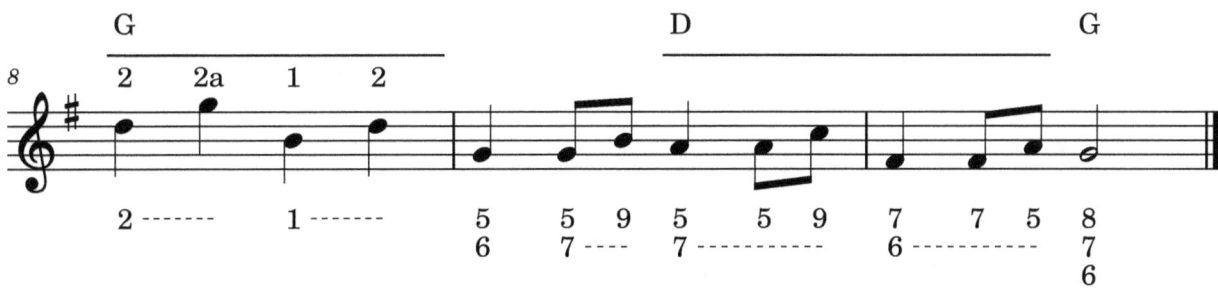

55 Christmas Songs From All Over The World

Stille Nacht

01.
Stille Nacht, heilige Nacht! Alles schläft, einsam wacht
Nur das traute, hochheilige Paar. Holder Knabe im lockigen Haar,
Schlaf in himmlischer Ruh, Schlaf in himmlischer Ruh.

02.
Stille Nacht, heilige Nacht! Gottes Sohn, o wie lacht
Lieb aus deinem göttlichen Mund, Da uns schlägt die rettende Stund,
Christ, in deiner Geburt, Christ, in deiner Geburt.

03.
Stille Nacht, Heilige Nacht! Hirten erst kundgemacht,
Durch der Engel Halleluja. Tönt es laut von fern und nah:
Christ, der Retter ist da, Christ, der Retter ist da!

Stille Nacht

Buttons played

Music by Franz Gruber, 1818

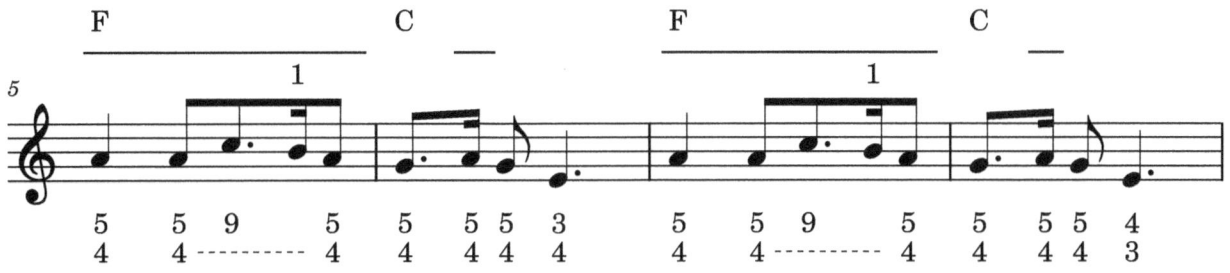

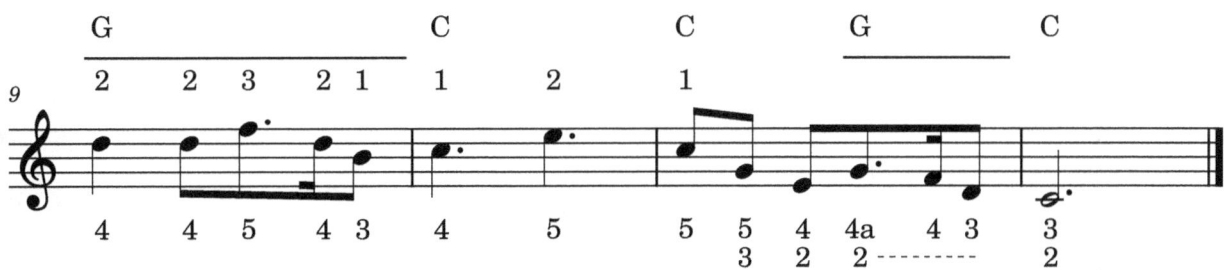

Süsser die Glocken nie klingen

01.
Süsser die Glocken nie klingen, als zu der Weihnachtszeit;
s'ist als ob Engelein singen wieder von Frieden und Freud'.
Wie sie gesungen in seliger Nacht, wie sie gesungen in seliger Nacht!
Glocken mit heiligem Klang, klingt doch die Erde entlang!

02.
O, wenn die Glocken erklingen, schnell sie das Christkindlein hört:
Tut sich vom Himmel dann schwingen eilig hernieder zur Erd'.
Segnet den Vater, die Mutter, das Kind, segnet den Vater, die Mutter, das Kind,
Glocken mit heiligem Klang, klingt doch die Erde entlang!

03.
Klinget mit lieblichem Schalle über die Meere noch weit,
dass sich erfreuen doch alle seliger Weihnachtszeit.
Alle aufjauchzen mit herrlichem Sang! Alle aufjauchzen mit herrlichem Sang!
Glocken mit heiligem Klang, klingt doch die Erde entlang!

Süsser die Glocken nie klingen

aus Thüringen
from Thuringia (before 1826)

Tochter Zion

01.
Tochter Zion, freue dich,
jauchze laut, Jerusalem!
Sieh, dein König kommt zu dir,
ja, er kommt, der Friedefürst.
Tochter Zion, freue dich,
jauchze laut, Jerusalem!

02.
Hosianna, Davids Sohn,
sei gesegnet deinem Volk!
Gründe nun dein ewig Reich,
Hosianna in der Höh!
Hosianna, Davids Sohn,
sei gesegnet deinem Volk!

03.
Hosianna, Davids Sohn,
sei gegrüßet, König mild!
Ewig steht dein Friedensthron,
du, des ewgen Vaters Kind.
Hosianna, Davids Sohn,
sei gegrüßet, König mild!

Tochter Zion

Buttons played

G.F. Händel (1685-1759)

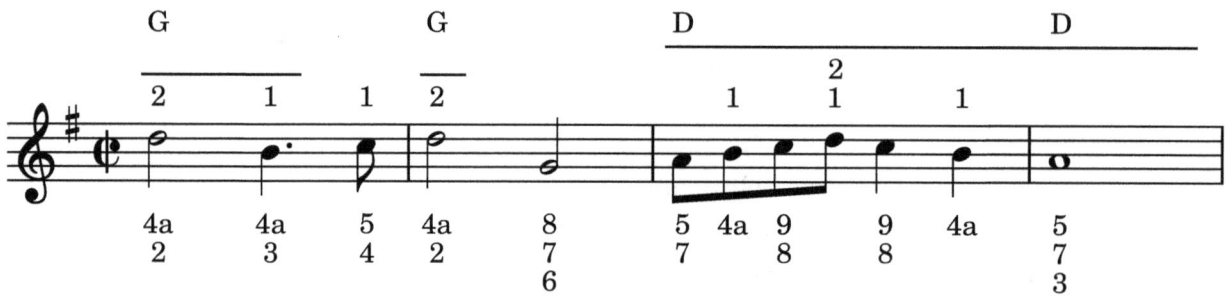

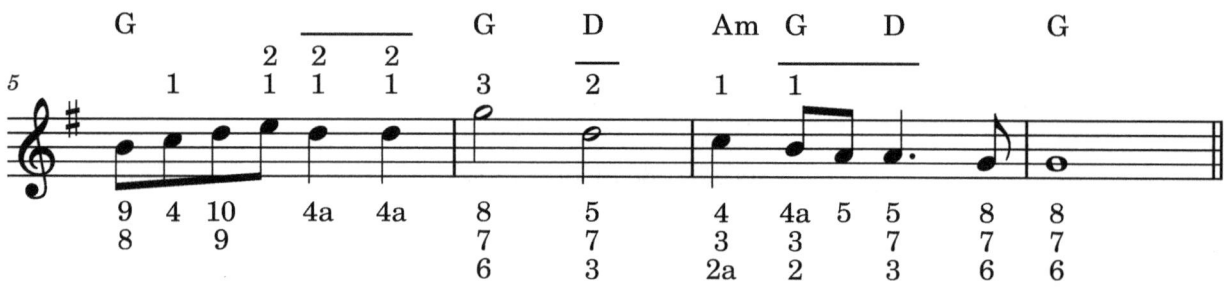

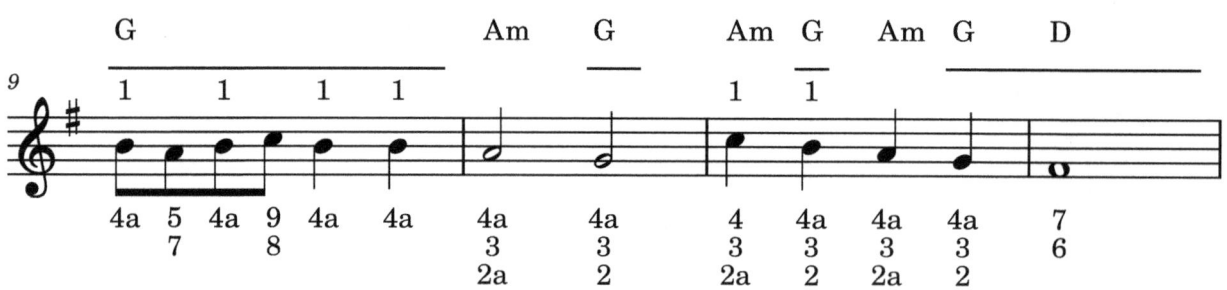

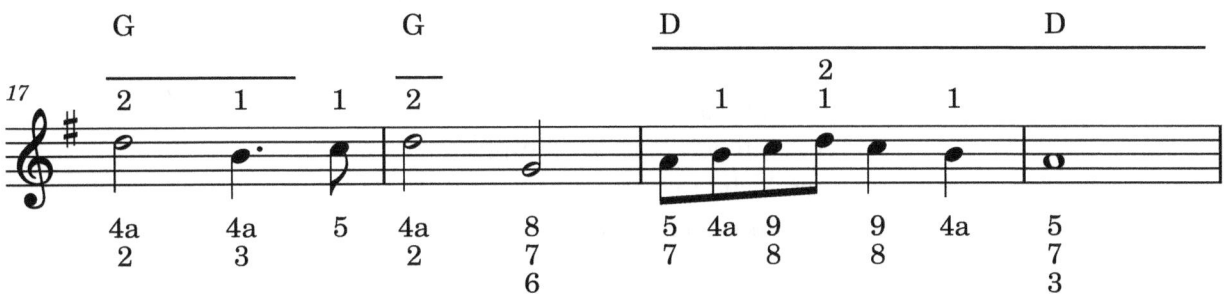
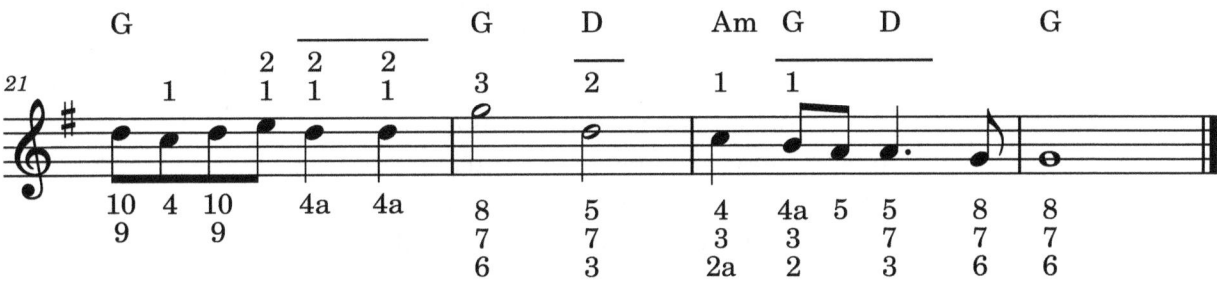

Venid, pastorcillos

01.
Venid, pastorcillos, venid a adorar
al Rey de los cielos que nace en Judá.
Sin ricas ofrendas podemos llegar,
que el Niño prefiere la fe y la bondad.

02.
Un rústico techo abrigo le da;
por cuna un pesebre, por templo un portal;
en lecho de pajas incógnito está
quien quiso a los astros su gloria prestar.

03.
Hermoso lucero le vino a anunciar,
y magos de oriente buscándole van;
delante se postran del Rey de Judá,
de incienso, oro y mirra tributo le dan.

04.
Con fe y con gozo vayamos a Él,
que el Niño es humilde y nos ama muy fiel.
Los brazos nos tiende con grato ademán:
"Venid", nos repite su voz celestial.

Venid, pastorcillos

Buttons played

aus Spanien
from Spain
Francisco Martinez de la Rosa (1787 - 1862)

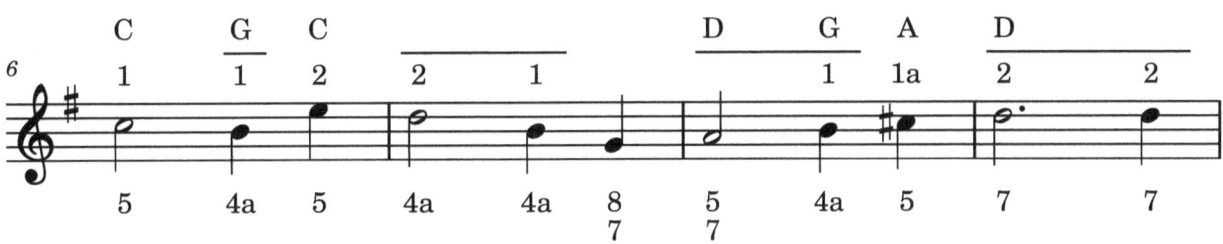
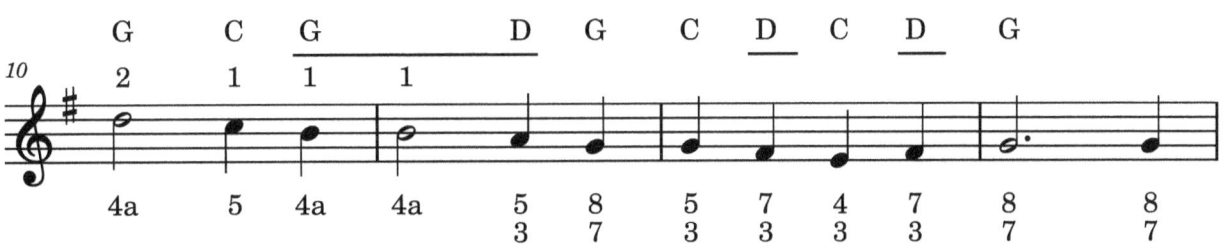
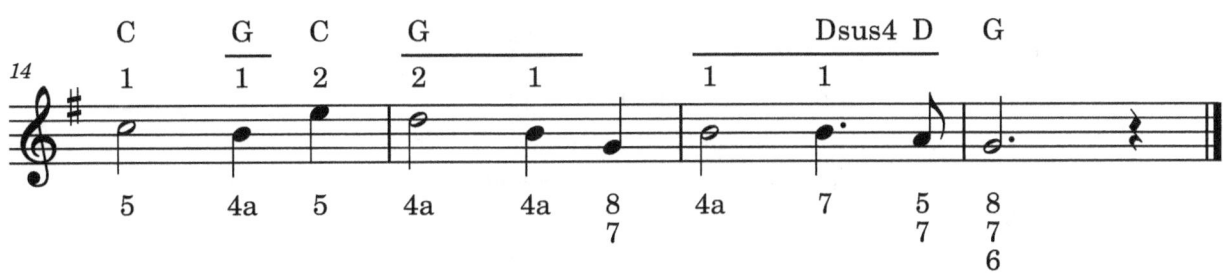

Vom Himmel hoch, da komm' ich her

01.
Vom Himmel hoch, da komm' ich her,
ich bring' euch gute neue Mär,
der guten Mär bring' ich soviel,
davon ich singn und sagen will.

02.
Euch ist ein Kindlein heut geborn
von einer Jungfrau auserkorn,
ein Kindelein so zart und fein,
das soll eur Freud und Wonne sein.

03.
Es ist der Herr Christ, unser Gott,
der will euch führn aus aller Not,
er will eur Heiland selber sein,
von allen Sünden machen rein.

04.
Er bringt euch alle Seligkeit,
die Gott der Vater hat bereit',
dass ihr mit uns im Himmelreich
sollt leben nun und ewiglich.

05.
So merket nun das Zeichen recht:
die Krippe, Windelein so schlecht,
da findet ihr das Kind gelegt,
das alle Welt erhält und trägt.

06.
Des lasst uns alle fröhlich sein
und mit den Hirten gehn hinein,
zu sehn, was Gott uns hat beschert,
mit seinem lieben Sohn verehrt.

07.
Lob, Ehr sei Gott im höchsten Thron,
der uns schenkt seinen eingen Sohn.
Des freuet sich der Engel Schar
und singet uns solch neues Jahr.

Vom Himmel hoch, da komm' ich her

Buttons played

aus Deutschland
from Germany
Martin Luther (1483-1546)

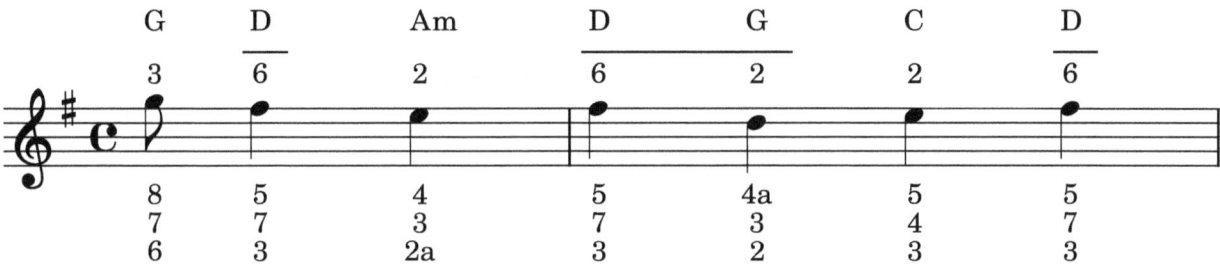
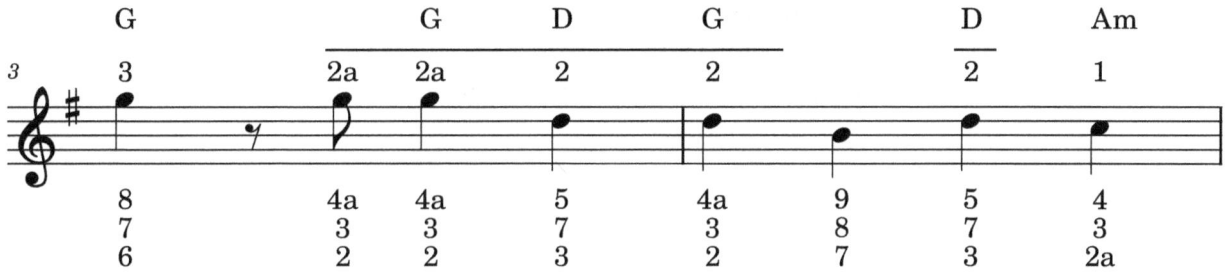
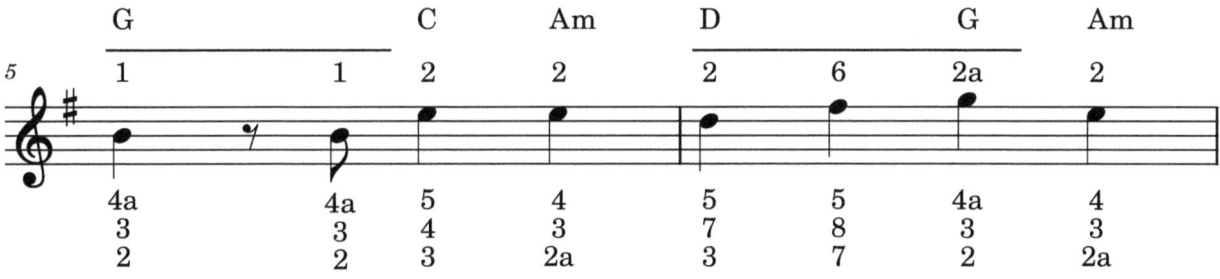
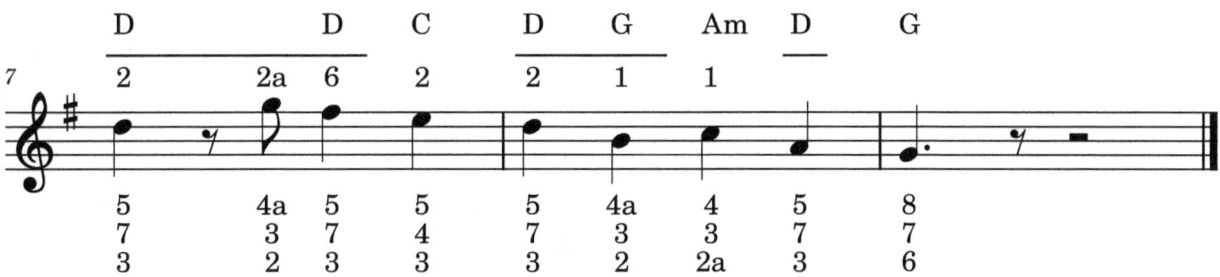

W żłobie leży

01.
W żłobie leży, któż pobieży kolędować Małemu
Jezusowi Chrystusowi, dziś nam narodzonemu
Pastuszkowie przybywajcie
Jemu wdzięcznie przygrywajcie Jako Panu naszemu

02.
My zaś sami z piosneczami za wami pospieszymy
A takiego Maleńkiego niech wszyscy zobaczymy
Jak ubogo narodzony
Płacze w stajni położony Więc Go dziś ucieszymy

03.
Naprzód tedy niechaj wszędy zabrzmi świat z wesołości
Że posłany jest nam dany Emanuel w niskości
Jego tedy przywitajmy
Z Aniołami zaśpiewajmy Chwała na wysokości

W żłobie leży

Buttons played

aus Süd Polen
from South Poland
Piotr Skarga (1536-1612)

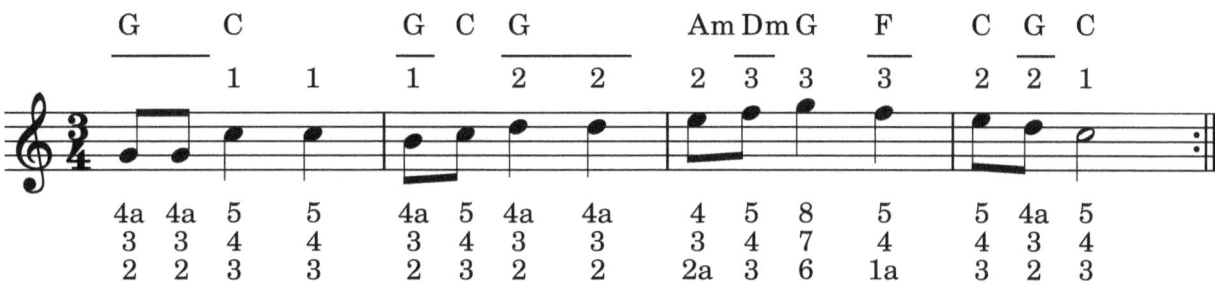

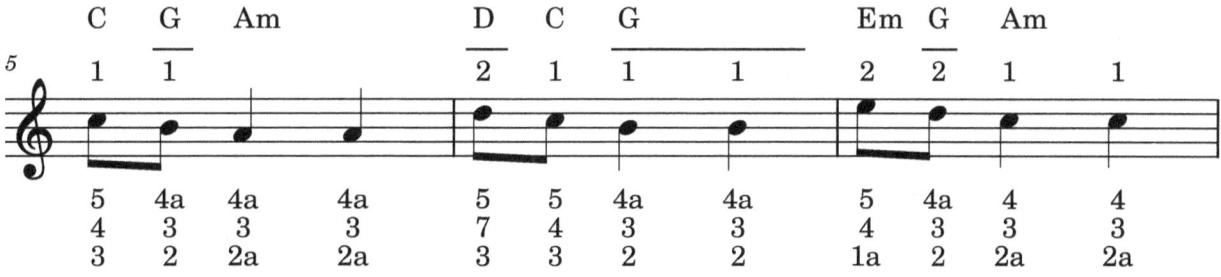

Was soll das bedeuten?

01.
Was soll das bedeuten? Es taget ja schon.
Ich weiß wohl, es geht erst um Mitternacht rum.
Schaut nur daher. Schaut nur daher.
Wie glänzen die Sternlein je länger je mehr.

02.
Treibt zusammen, treibt zusammen die Schäflein fürbass.
Treibt zusammen, treibt zusammen, dort zeig ich euch was.
Dort in dem Stall, dort in dem Stall,
werdet Wunderding sehen, treibt zusammen einmal.

03.
Ich hab nur ein wenig von weitem geguckt,
da hat mir mein Herz schon vor Freuden gehupft:
Ein schönes Kind, ein schönes Kind
liegt dort in der Krippe bei Esel und Rind.

04.
Ein herziger Vater, der steht auch dabei;
ein wunderschön Jungfrau kniet auch auf dem Heu.
Um und um singt's, um und um klingt's,
man sieht ja kein Lichtlein, so um und um brinnt's.

05.
Das Kindelein das zittert vor Kälte und Frost.
Ich dacht mir wer hat's denn also verstosst,
dass man auch heut, dass man auch heut
ihm sonst keine andere Herberg anbeut?

06.
So gehet und nehmet ein Lämmlein vom Gras
und bringet dem schönen Christkindlein etwas.
Geht nur fein sacht! Geht nur fein sacht,
auf dass ihr dem Kindlein kein Unruh nicht macht!

Was soll das bedeuten?

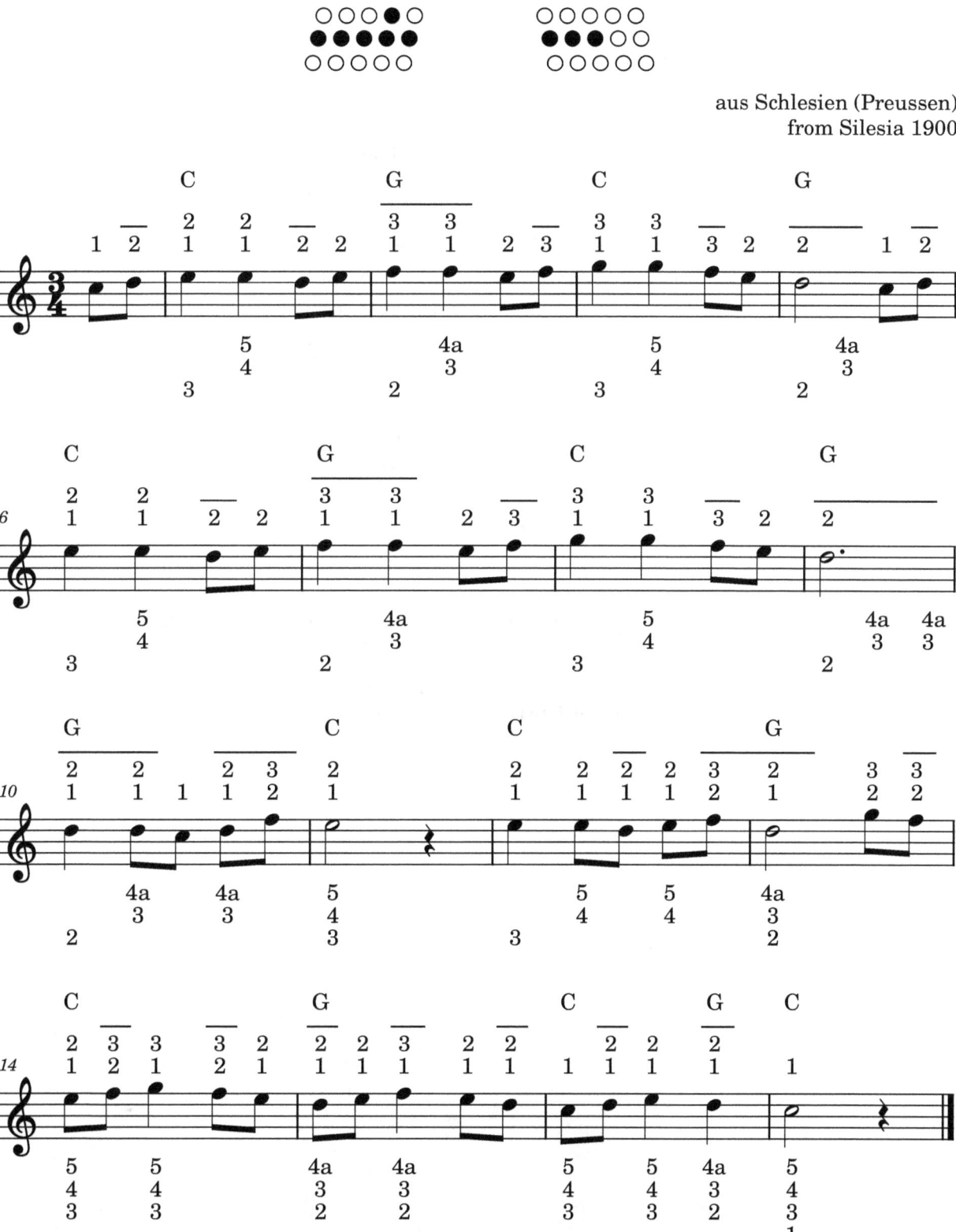

We wish you a Merry Christmas

01.
We wish you a Merry Christmas; We wish you a Merry Christmas;
We wish you a Merry Christmas and a Happy New Year.
Good tidings we bring to you and your kin;
Good tidings for Christmas and a Happy New Year.

02.
Oh, bring us a figgy pudding; Oh, bring us a figgy pudding;
Oh, bring us a figgy pudding and a cup of good cheer.
Good tidings we bring to you and your kin;
Good tidings for Christmas and a Happy New Year.

03.
We won't go until we get some; We won't go until we get some;
We won't go until we get some, so bring some out here.
Good tidings we bring to you and your kin;
Good tidings for Christmas and a Happy New Year

04.
We wish you a Merry Christmas; We wish you a Merry Christmas;
We wish you a Merry Christmas and a Happy New Year
Good tidings we bring to you and your kin;
Good tidings for Christmas and a Happy New Year

We wish you a Merry Christmas

Buttons played

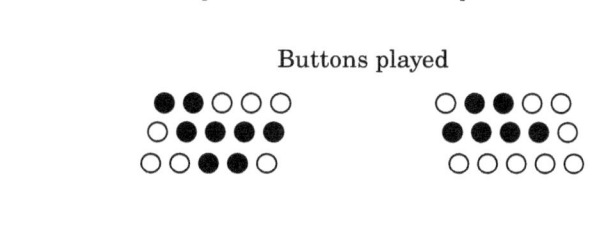

English, 16th century

Zu Bethlehem geboren

01.
Zu Bethlehem geboren, ist uns ein Kindelein,
das hab' ich auserkoren, sein eigen will ich sein.
Eia, eia, sein eigen will ich sein.

02.
In seine Lieb' versenken will ich mich ganz hinab;
mein Herz will ich ihm schenken und alles, was ich hab',
Eia, eia, und alles, was ich hab'.

03.
O Kindelein, von Herzen will ich dich lieben sehr,
in Freuden und in Schmerzen je länger und je mehr,
Eia, eia, je länger und je mehr.

04.
Dazu dein Gnad mir gebe, bitt' ich aus Herzensgrund,
daß dir allein ich lebe jetzt und zu aller Stund',
Eia, eia, jetzt und zu aller Stund'.

05.
Dich, wahren Gott, ich finde in unser'm Fleisch und Blut;
darum ich mich dann binde an dich, mein höchstes Gut,
Eia, eia, an dich, mein höchstes Gut.

06.
Laß mich von dir nicht scheiden, knüpf' zu, knüpf' zu das Band
der Liebe zwischen beiden; nimmt hin mein Herz zum Pfand,
Eia, eia, nimm hin mein Herz zum Pfand!

Zu Bethlehem geboren

Buttons played

Traditional

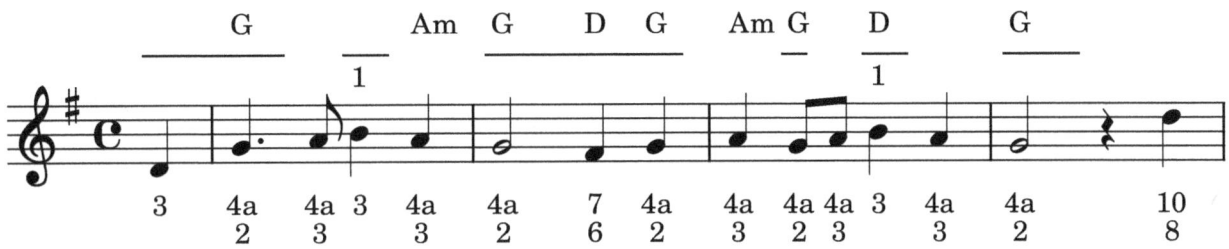
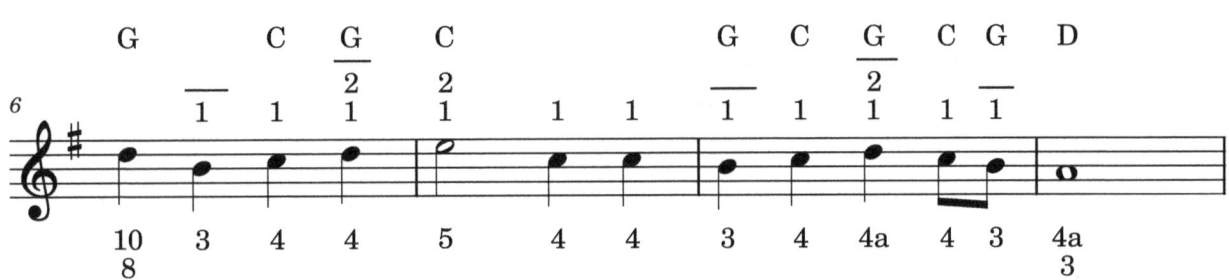

Barbara Steinger

Der musikalische Werdegang von Barbara Steinger beginnt in der Innerschweiz, wo sie bereits mit 7 Jahren erste Töne auf dem Akkordeon spielte.

Am Musikkonservatorium Winterthur (heute: Zürcher Hochschule der Künste) studierte sie Akkordeon im Hauptfach bei Astrid Schlumberger und Yolanda Schibli. Weitere Kurse und Studien auf dem Akkordeon besuchte sie bei Theodoro Anzellotti und Gérard Fahr.

An der Musikhochschule Luzern Fakultät II belegte sie den Studiengang: Kirchenmusik B, mit Chorleitung. Durch die neuentdeckte Freude am Dirigieren, besuchte sie weitere Ausbildungen in Akkordeon- und Blasorchester.

Nachdem sie jahrelang Musikunterricht auf dem Akkordeon an div. Musikschulen und an der alten und neuen Kantonsschule in Aarau erteilte, erfüllte sie sich den Traum ihrer eigenen Musikschule und eröffnete im März 2015 die Akkordeonschule Aarau.

Auf der Suche nach neuen Herausforderungen, hat sie weitere Handzuginstrumente entdeckt.

Zuerst die Steirische Harmonika, wobei sie sich bei Michlbauer in Österreich zur Lehrperson ausbilden lässt und bereits 3 Lizenzen erworben hat.

Dann hat die Concertina auch ihr Herz erobert, welches sie nun seit einigen Jahren mit viel Freude spielt und an ihrer Schule unterrichtet.

Barbara Steinger arbeitet und wohnt mit Ihrer Familie in der Schweiz.

(English)

Barbara Steinger's musical career begins in central Switzerland, where she played her first notes on the accordion at the age of 7.

At the Winterthur Music Conservatory (today: Zurich University of the Arts) she majored in the accordion with Astrid Schlumberger and Yolanda Schibli. She attended further courses and studies on the accordion with Theodoro Anzellotti and Gérard Fahr.

At the Lucerne School of Music, Faculty II, she took the course: Church Music B, with choral conducting. Due to the newly discovered joy in conducting, she attended further training in accordion and wind orchestras.

After giving music lessons on the accordion at various music schools and at the old and new canton school in Aarau for years, she fulfilled her dream of her own music school and opened the accordion school in Aarau in March 2015.

In search of new challenges, she discovered other hand-pulled instruments. First the Styrian harmonica, where she is being trained as a teacher by Michlbauer in Austria and has already acquired 3 licenses.

Then the concertina also conquered her heart, which she has been playing with great pleasure for several years and teaches at her school.

Barbara Steinger works and lives with her family in Switzerland.

Akkordeonschule

Barbara Steinger

55 Christmas Songs From All Over The World

www.ingramcontent.com/pod-product-compliance
Lightning Source LLC
Chambersburg PA
CBHW081133170426
43197CB00017B/2845